VOTE

DIREÇÃO EDITORIAL: Maristela Petrili de Almeida Leite
COORDENAÇÃO DE EDIÇÃO DE TEXTO: Marília Mendes
EDIÇÃO DE TEXTO: Giovanna Di Stasi
LEITURA CRÍTICA: Ana Claudia Fernandes
COORDENAÇÃO DE EDIÇÃO DE ARTE: Camila Fiorenza
PROJETO GRÁFICO: Camila Fiorenza, Caio Cardoso
DIAGRAMAÇÃO E CAPA: Michele Figueredo
ILUSTRAÇÕES: Ana Thomas Terra, Isabela Jordani
COORDENAÇÃO DE ICONOGRAFIA: Luciano Baneza Gabarron
PESQUISA ICONOGRÁFICA: Márcia Mendonça
COORDENAÇÃO DE REVISÃO: Rafael Gustavo Spigel
REVISÃO: Nair Hitomi Kayo
COORDENAÇÃO DE *BUREAU*: Everton L. de Oliveira
PRÉ-IMPRESSÃO: Ricardo Rodrigues, Vitória Sousa
PRODUÇÃO INDUSTRIAL: Wendell Monteiro (gerência), Gisely Iácono (coordenação), Fernanda Dias, Renee Figueiredo, Silas Oliveira, Vanessa Siegl (produção), Denise Andrade, Eduardo de Souza, Tatiane B. Dias (PCP)
IMPRESSÃO E ACABAMENTO: A.S. Pereira Gráfica e Editora EIRELI
CÓD. ITEM: 120009785
LOTE: 806208

CRÉDITOS
Vinheta nas páginas 12, 14, 17, 28, 30, 32, 35, 38, 47, 55, 57, 63 e 67: © Sasin Paraksa/Shutterstock
Vinheta nas páginas 25, 32, 53 e 68: © beast01/iStock/Getty Images
Vinheta nas páginas 24, 60, 69, 75, 79 e 82: © Roman Samborskyi/Shutterstock
Vinheta nas páginas 24, 41 e 68: © IULIIA/iStock/Getty Images

Os conteúdos disponibilizados em QR Code foram acessados em 13 jan. 2025

Dados Internacionais de Catalogação na Publicação (CIP)
(Câmara Brasileira do Livro, SP, Brasil)

Aidar, Flávia
Educação política : participar para transformar / Flávia Aidar ; Januária Cristina Alves, coordenação. – 1. ed. – São Paulo : Santillana Educação, 2025. – (Informação e diálogo)

ISBN 978-85-527-3215-0

1. Cidadania 2. Democracia 3. Educação - Aspectos políticos 4. Eleições - Brasil 5. Jovens - Atividades políticas 6. O Estado 7. Política - História I. Alves, Januária Cristina. II. Título. III. Série.

25-248300 CDD-379

Índices para catálogo sistemático:
1. Educação e política 379
Cibele Maria Dias - Bibliotecária - CRB-8/9427


EDITORA MODERNA LTDA.
Rua Padre Adelino, 758 – Quarta Parada
São Paulo – SP – Brasil – CEP 03303-904
Vendas e atendimento: Tel. (11) 2790-1300
www.moderna.com.br
2025
Impresso no Brasil

## Flávia Aidar

Professora de História pela Universidade de São Paulo (USP), infoeducadora, formadora de professores e autora de materiais didáticos e livros sobre arte-educação, educação financeira e *fake news*. Dedica este livro ao seu neto Martim, com quem aprendeu, ao vê-lo crescer, que para se interessar por política basta ser sensível ao outro e a tudo o que acontece à nossa volta.

### Januária Cristina Alves[ibi]

COORDENAÇÃO

Jornalista, mestre em Comunicação Social pela Escola de Comunicações e Artes da Universidade de São Paulo (USP-SP), educomunicadora e autora de mais de 60 livros para crianças e jovens.

# Educação política: participar para transformar

1ª edição

2025

MODERNA

# Sumário

# Carta ao jovem leitor

Não importa a sua idade, mas, se você mora no Brasil e de alguma forma vivenciou as eleições presidenciais de 2018 e de 2022, teve uma boa amostragem do que é estar em um país dividido ou polarizado, como se diz atualmente.

Se você é atuante nas redes sociais, certamente viu e sentiu de perto os chamados discursos de ódio, xingamentos, acusações e brigas entre políticos, *influencers*, seguidores, familiares e amigos e, de quebra, soube de alguém que mergulhou de cabeça em alguma narrativa baseada em fatos duvidosos que mais contribuíram para espalhar *fake news* e todo tipo de desinformação do que para esclarecer e explicar o que se passava de verdade.

Foi nesse momento, no meio desse cenário de problemas e desafios, em um mundo recém-saído de uma assustadora pandemia, que surgiu a necessidade, ou melhor, urgência mesmo, de escrever um livro para falar de política com você, que está iniciando sua participação na vida social e merece ser mais bem preparado para enfrentar os diversos tipos de turbulências que afetam a vida e as escolhas de cada um e de todos nós.

Não vale dizer que você é do time dos que "odeiam política", combinado? Você já ouviu dizer que "não há nada de errado com aqueles que não gostam de política, simplesmente serão governados por aqueles que gostam"? Pois é, algumas coisas na vida estão além de se gostar ou não. É necessário

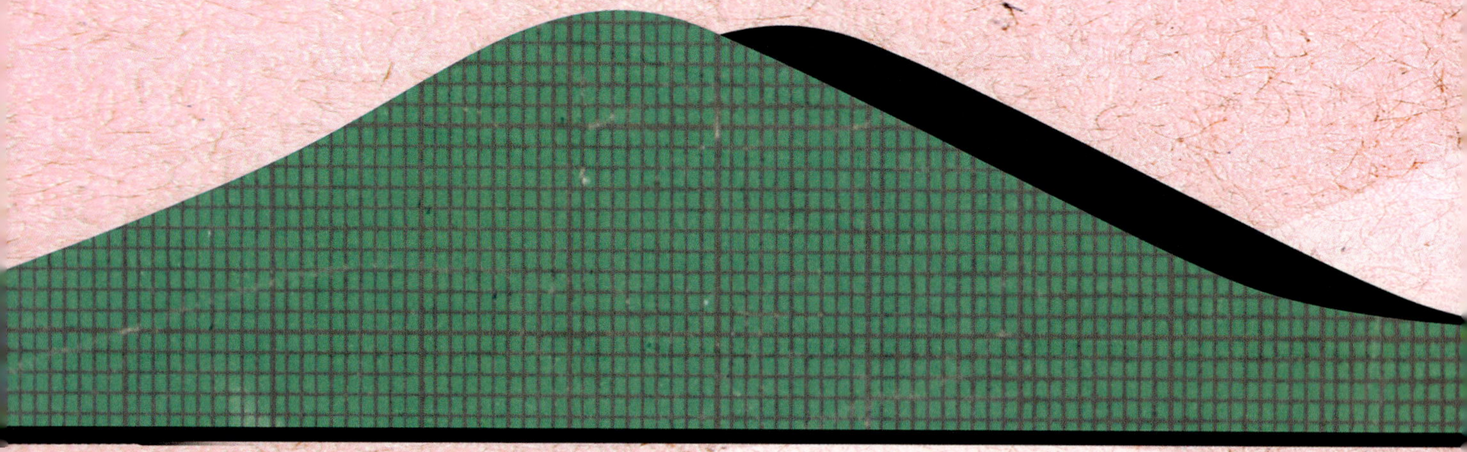

que se aprenda a participar para saber fazer escolhas, do contrário alguém escolherá por você. E, saiba, não participar também é uma escolha. Uma escolha política.

Mas, como seria possível falar com você sem ouvi-lo e ouvir outros adolescentes para saber o que pensam, sentem, desejam? Foi então que iniciamos um vasto levantamento na busca de pesquisas que foram feitas recentemente no Brasil e fora daqui para saber o que os jovens pensam sobre política, qual a visão que têm do futuro, no que acreditam e em que mundo desejam viver, crescer, estudar e trabalhar.

Este livro aposta na ideia que compreender a realidade é melhor do que viver alienado, que entender como funciona o mundo é ter o poder de influenciar e propor alternativas melhores para o futuro de cada um e de toda a humanidade. E, mais ainda, este livro crê na política como a melhor maneira de alcançar os objetivos e desejos que todos nós temos sobre o futuro das pessoas e do mundo.

Por último e mais importante, este livro defende a ideia de que, apesar de todos os problemas, a democracia ainda é o melhor regime político.

A seleção de fatos, conceitos, termos compõem uma trilha. Como todo caminho, há também obstáculos e desafios a serem removidos e vencidos para se atingir o destino que se deseja. O importante é seguirmos juntos.

# Introduzindo o assunto

As afirmações a seguir são falsas ou verdadeiras?

1. A Terra é plana.
2. A juventude atual não se interessa por política.
3. Política não se discute.
4. Todos os eleitores que reclamarem da integridade das urnas eletrônicas serão presos.

© ANA THOMAS TERRA

Será que o fato de serem verdadeiras ou falsas depende da opinião que cada um tem sobre esses assuntos? Será que são frutos de crenças pessoais ou religião e não importa o que dizem os fatos, as ciências, as instituições e o conhecimento?

OPINIÃO SE DISCUTE SIM! TEMOS QUE RESPEITAR O DIREITO DE TER OPINIÃO, MAS NÃO PRECISAMOS ACEITAR AS OPINIÕES COM AS QUAIS DISCORDAMOS. ARGUMENTOS E FATOS DEMONSTRÁVEIS SÃO BOAS ARMAS PARA NEUTRALIZAR OPINIÕES EQUIVOCADAS.

SIGA O FIO...

## "A Terra é plana"

Embora haja quem acredite nisso, na verdade, há inúmeras evidências, fruto de observações científicas, que comprovam que a Terra é aproximadamente esférica. Fotografias espaciais, observações astronômicas, gravidade, voos de aeronaves, viagens ao redor do mundo, dentre outras, são provas consistentes e bem fundamentadas de que o nosso planeta é praticamente redondo. Afirmar que a Terra é plana é um tipo de engano que podemos simplesmente chamar de erro ou negacionismo por absoluta falta de comprovação científica dos fatos, da qualidade das fontes de pesquisa e da materialidade dos fatos.

**Ciência pouca é bobagem, vamos trabalhar com os fatos?**

A mudança de pensamento do *youtuber* mostra que é possível recuperar o diálogo mesmo com quem tem crenças absurdas. Mas isso só funciona com paciência, empatia e a prática do diálogo.

## "A juventude atual não se interessa por política"

Essa afirmação é resultado de uma percepção que, muitas vezes, pode ser preconceituosa. Mesmo que você tenha muitos conhecidos que dizem não se interessar por política e mesmo que muitos deles pareçam odiá-la, só é possível garantir o que pensa a maioria dos jovens em relação a esse tema fazendo pesquisas sérias e rigorosas. Uma boa dica é desconfiar de generalizações porque elas sempre são perigosas.

**Erros por generalização são bem comuns, infelizmente. Fato neles!**

## "Todos os eleitores que reclamarem da integridade das urnas eletrônicas serão presos"

Embora as urnas eletrônicas brasileiras, que vêm sendo aperfeiçoadas desde sua criação em 1996, sejam inquestionavelmente eficientes, há quem divulgue *fake news* com todo tipo de desinformação, visando influenciar as pessoas mais desavisadas. Vale dizer que, em nenhum momento ao longo da história do país, o Tribunal Superior Eleitoral (TSE) ou qualquer outro órgão oficial emitiu mandado de prisão contra quem duvidasse das urnas eletrônicas, mas essa foi uma das *fake news* mais divulgadas em 2022.

## "Política não se discute"

A gente sabe que tem sido difícil e complicado discutir política em um ambiente tão "polarizado". Dizer que "política não se discute" pode até evitar brigas, mas é uma afirmação equivocada, que desconhece que a política é exatamente o que ajuda a gente a definir as regras de organização e convivência em sociedade, portanto, o debate é fundamental!

**Então, muito cuidado antes de afirmar sem conhecimento de causa.**

**PARA LEMBRAR: NEGACIONISMO, GENERALIZAÇÃO, DESCONHECIMENTO E DESINFORMAÇÃO NÃO DEVEM FAZER PARTE DA SUA VIDA DE ESTUDANTE E DE CIDADÃO. É NECESSÁRIO INVESTIGAR, PRODUZIR EVIDÊNCIAS, VALORIZAR A MATERIALIDADE DOS FATOS E FENÔMENOS PARA AFIRMAR OU NEGAR ALGO.**

Vamos juntos observar, investigar, analisar, desmistificar os fatos para poder compreender o que é e para que serve a política; quem faz e como se faz política.

©ISABELA JORDANI

Você precisa saber

## A diferença entre opinião e conhecimento

Todo mundo tem direito a ter sua opinião. No entanto, é necessário sair do mundo das opiniões para entrar no mundo do conhecimento. Não vale simplesmente "achar" ou afirmar que leite com manga faz mal, é preciso pesquisar para saber se essa afirmação é verdadeira ou falsa e ter argumentos demonstráveis.

Da mesma forma, se você disser que marrom não combina com preto e decidir nunca usar essas duas cores juntas, paciência, gosto não se discute. Mas, se você for um profissional que trabalha com cores, como estilista, decorador ou artista, não basta dizer que é sua opinião ou seu gosto, é preciso ter conhecimento e argumentos para defender sua posição que, aos poucos, vai deixando de ser uma opinião e se transformando em um conceito fundamentado em estudos sobre o uso das cores para se obter determinados efeitos e sensações, por exemplo.

©WE ARE/DIGITAL VISION/GETTY IMAGES

**A IGNORÂNCIA E A OPINIÃO SEM FUNDAMENTO SÃO CLARAMENTE MANIFESTAÇÕES DE AUSÊNCIA DE REFLEXÃO, CONHECIMENTO E ARGUMENTAÇÃO SOBRE O QUE SE OPINA OU O QUE SE IGNORA. O SENSO COMUM, MUITAS VEZES, É A EXPRESSÃO DA IGNORÂNCIA OU DO DESCONHECIMENTO. FIQUE ESPERTO!**

# O mito da caverna

Platão foi um importante filósofo grego que viveu no século IV a.C, na cidade-estado de Atenas, hoje a capital da Grécia. Dentro de um de seus livros, intitulado *A República*, ele escreveu um texto chamado "O mito da caverna", que traz a seguinte metáfora:

Imagine uma caverna escura onde pessoas estão acorrentadas desde a infância, de modo que não podem sair dali e só conseguem olhar para a parede do fundo da caverna. A única visão que essas pessoas têm são de sombras projetadas na parede, criadas pela luz de uma fogueira que está atrás delas.

Os prisioneiros nunca puderam ver o mundo lá fora, portanto, as sombras são sua única realidade e representam toda a verdade para eles.

Agora suponha que um dos prisioneiros seja libertado e consiga sair da caverna e ser exposto à luz do sol do mundo exterior.

Inicialmente ele ficará cego e desorientado diante de tanta claridade, mas aos poucos sua visão vai se acostumar e ele começará a perceber a realidade fora da caverna. Agora ele é capaz de ver as árvores, as flores, os animais e o céu iluminados pela luz solar e percebe que as sombras na caverna eram apenas uma representação inferior, imprecisa e defeituosa da realidade.

Com essa metáfora Platão ilustra a diferença entre duas formas de se ver o mundo. Uma cheia de enganos, equívocos, desconhecimentos e preconceitos fruto das sombras projetadas na parede da caverna, e uma outra mais próxima do que é a verdade iluminada pela luz do sol, pela razão, pela observação, pelo conhecimento de tudo o que nos rodeia nesse mundo... redondo.

# O que é POLÍTICA?

Nas redes sociais, no rádio, no noticiário da TV, na escola ou mesmo entre familiares, a palavra "política" está sempre fazendo parte da conversa. Fica bem claro para todos quando ela se associa a manifestações e protestos de rua ou durante as campanhas eleitorais, mas será que isso é tudo? Não!

O conceito de política é bem amplo e complexo e, ao longo da história, recebeu a contribuição de vários pensadores que teorizaram sobre sua função e sentido. De um modo geral e bem sintético, política é o modo como a sociedade se organiza para estabelecer as regras, as leis e tomar as decisões que possibilitam às pessoas se relacionarem entre si e com os lugares em que vivem.

**POLÍTICA É A ARTE DE NEGOCIAR AS DIFERENÇAS E DE FAZER CONCESSÕES EM BUSCA DA CONVIVÊNCIA.**

**Você precisa saber**

## O que são políticas públicas?

São um conjunto de investimentos, programas, ações desenvolvidas pelos governos (federal, estadual, municipal) para garantir direitos à população em várias áreas, como saúde, educação, segurança, lazer e meio ambiente, tendo em vista a ampliação da qualidade de vida dos cidadãos, como prevê a Constituição Brasileira em vigor.

Alguns bons exemplos são o Sistema Único de Saúde (SUS), o Programa de Universidade para Todos (ProUni), o Fundo de Financiamento Estudantil (FIES) e o Plano Amazônia Sustentável (PAS).

Saiba que, embora muitos reclamem do atendimento do SUS, ele é o maior programa de saúde pública do mundo. Durante o auge da pandemia de Covid-19, todos os brasileiros se impressionaram com o poder de alcance e de eficiência da vacinação.

# Política e transformação: o mundo está do jeito que você gostaria?

Provavelmente sua resposta será um enorme e sonoro NÃO, porque você sonha com um mundo melhor, com a natureza sendo mais respeitada, sem ameaças climáticas, sem guerras, sem fome, com mais oportunidades para todos e igualdade entre os povos e as pessoas, certo? Pelo menos é isso o que diz a maior parte das pesquisas que ouviram recentemente as juventudes no Brasil e fora daqui.

Só por meio da participação e de ações POLÍTICAS, isto é, atitudes e propostas relativas à esfera pública da sociedade, você vai ter a chance de transformar o mundo em um lugar melhor para todos!

Mas por que será que a política é tão desacreditada?

Aristóteles observou que "o homem é um animal político", exatamente pela necessidade que temos uns dos outros para sobreviver e viver; portanto, todos nós somos políticos, sempre, tendo ou não consciência do que isso significa.

Para mudar o que grande parte das pessoas acha difícil de engolir e tudo o que se vê de errado acontecendo, é preciso ser atuante. Mas saiba que, mesmo não participando de nada, no final das contas você também está atuando politicamente. Sabe por quê? Porque não participar também é uma atitude e uma escolha política.

# Política antes e agora: povo e poder

Política e democracia estão para sempre associadas à Grécia, não é para menos: "política" deriva do grego antigo πολιτεία (*politeía*), que tinha a ver com tudo o que acontecia na pólis ou cidade-estado grega.

Os cidadãos atenienses, aqueles tidos como **HOMENS LIVRES**, podiam debater em praça pública tudo o que se referia à organização da pólis, isto é, aos temas da vida cotidiana das pessoas na cidade.

NO CONTEXTO DA DEMOCRACIA ATENIENSE, O TERMO "HOMENS LIVRES" DESCONSIDERAVA MULHERES, TRABALHADORES ESCRAVOS E ESTRANGEIROS.

Já a definição moderna de política se refere ao exercício do poder. Mas quem tem poder? Poder de quê? Depende do regime político em que se vive. Em países democráticos, elegemos representantes para exercer o poder em nome dos interesses do povo ou da maioria da população.

©ANA THOMAS TERRA

**Você precisa saber**

## Rebatendo o senso comum: "O poder corrompe"

Ter poder não é ruim, como muitas vezes a gente pensa, mas depende para o quê. Se for para colocar em prática o projeto de sociedade que queremos e elegemos, ter poder é fundamental!

Também é importante para fazer acontecer um projeto de sociedade, mas não pode significar que o político escolhido faz o que quer ou se corrompe para fazer o que os que tem dinheiro querem. O politico é eleito pelo voto, ocupa um cargo de poder como um funcionário público, ou seja, é pago por nós cidadãos, através dos impostos que nos cobram, para executar o que desejamos e precisamos ver realizado.

O termo democracia vem do grego δημοκρατία (*dēmokratía*) e significa "o governo do povo". Com origem ateniense, tem como base a resolução de problemas sociais por meio de debate público e decisão coletiva, seja consensual ou por maioria.

Na antiga Atenas, a democracia não era sinônimo de voto. Normalmente, as decisões eram tomadas por aclamação, não votação. Ou seja, por discussões, argumentações e convencimento. A política se fazia por intensos debates e participação de seus membros.

Portanto, em seu sentido original, democracia significava, mais exatamente, participação política e decisão precedida por intenso debate público.

A pesquisa "Juventudes e Democracia na América Latina", realizada pela fundação Luminate, revelou o que pensam os jovens latino-americanos sobre democracia:

"A maioria dos entrevistados teve dificuldades para definir o que significam termos como 'democracia', 'Estado' e 'Congresso'. Para a maioria, democracia tem a ver, principalmente, com liberdade, direitos e bem coletivo. Foram raros, porém, aqueles que citaram a participação cidadã como algo presente no fazer democrático".

Disponível em: https://mod.lk/juvlatam.
Acesso em: 13 jan. 2025.

Para Bernardo Toro, filósofo e educador colombiano, definir democracia como liberdade é insuficiente e equivocado. Para ele, democracia é "**uma ordem que se caracteriza por leis e normas que são construídas pelas mesmas pessoas que vão vivê-las, cumpri-las e protegê-las**", portanto, implica a participação cidadã como condição essencial para que a democracia aconteça, todos os dias, na vida de cada um, no país de cada um.

© PROSTOCK-STUDIO/ISTOCK/GETTY IMAGES

# Política e voto

© ALEXANDRE BECK

"COMO A GENTE É O FUTURO DO PAÍS SE NÃO PALPITA NA POLÍTICA?"
– BRAIAN ROSÁRIO, UM DOS ESTUDANTES ENTRE 15 E 17 ANOS ENTREVISTADOS PELO JORNAL *FOLHA DE S.PAULO* ÀS VÉSPERAS DA ELEIÇÃO PRESIDENCIAL DE 2022. DISPONÍVEL EM: HTTPS://MOD.LK/KG6V5. ACESSO EM: 13 JAN. 2025.

Nunca antes tantas pessoas votaram em um mesmo ano como em 2024. Segundo o Center for American Progress (CAP), um instituto de pesquisa nos Estados Unidos, mais de 2 bilhões de pessoas e quase 80 países, ou seja, mais da metade da população mundial apta a votar, está, por meio de suas escolhas, definindo a política mundial nos próximos anos.

**Saiba mais sobre as eleições de 2024 e seus impactos na reportagem da BBC Brasil, que traz um infográfico interativo, disponível em: https://mod.lk/ttyq0**

Embora o voto não seja a única forma de participação, a escolha dos representantes, seja no nível dos altos comandos do país ou de cidades, são parte importante do processo político. No Brasil, 5.568 municípios de diferentes tamanhos escolhem, a cada quatro anos, seus prefeitos; dois anos depois, 27 governadores e um presidente. Infelizmente, em alguns lugares do mundo as eleições não são justas e nem democráticas e, pior ainda, podem ser manipuladas por meio da difusão de *fake news* nas redes sociais.

"As *big techs* estão falhando nos maiores testes para as eleições de 2024. Anúncios contra mulçumanos durante as eleições na Índia levaram mais de 200 grupos da sociedade civil que integram a Global Coalition for Tech Justice (Coalizão Global pela Justiça Tecnológica), entre elas organizações da rede do Pacto pela Democracia, a publicar uma carta aberta para que as *big techs* – Meta, Google, X e TikTok – protejam as pessoas e as eleições nos países do Sul Global".

Texto publicado na *newsletter* da organização Pacto pela Democracia, em 18 abr. 2024. Confira o *site*, disponível em: https://mod.lk/CRdru. Acesso em: 13 jan. 2025.

PARA HAVER DEMOCRACIA, É IMPORTANTE QUE HAJA ELEIÇÕES, MAS ELAS NÃO SÃO SUFICIENTES PARA DEFINIR UM GOVERNO DEMOCRÁTICO.

# Representação política

No ano de 2024, alguns países viram, entre os que concorriam aos seus cargos mais elevados, candidatos acima dos 70 anos. Narendra Modi, de 73, na Índia; Vladmir Putin, de 71, na Rússia; e Donald Trump, de 77 e Joseph Biden, de 81, nos Estados Unidos. Biden, muito criticado pelo seu desempenho nos debates presidenciais, abriu mão da disputa como candidato democrata.

Repudiamos o **idadismo ou etarismo**, isto é, o preconceito relativo à idade das pessoas, porém, ficam algumas perguntas no ar: será que esses políticos mais velhos estão sendo capazes de responder ao que você e outros tantos jovens querem? Será que os projetos que eles defendem correspondem às preocupações de futuro da sua geração? Será que os jovens souberam impor suas pautas para esses dirigentes? Será que vocês, jovens, estão participando da vida política da sua cidade, estado ou país e fazendo valer as suas vozes?

**"Os jovens representam quase metade da população mundial, porém apenas 2,6% dos parlamentares do planeta têm menos de 30 anos e a idade média de um líder político é de 62 anos."**

**– *Precisamos aumentar a participação dos jovens na política*, coluna de Laiz Soares no jornal *Folha de S.Paulo***

**"[...] as experiências juvenis são (em muitos estudos) analisadas como distantes, indiferentes e que demonstram uma certa apatia relacionada à vida comum."**

**– *Pesquisar a juventude e sua relação com a política – Notas metodológicas*, por Cláudia Mayorga**

**"Todos os entrevistados afirmam que os partidos deveriam deixar mais espaço para os jovens em lugares de poder e representatividade, abrir canais de comunicação diretos com eles e pautar temas de seu interesse."**

**– Juventudes e Democracia na América Latina, relatório da fundação Luminate**

**"Cresce o número de jovens eleitores, mas eles têm pouco interesse pela política além do voto".**

**– Jaqueline Deister para jornal *Brasil de Fato***

©CARLOS BARQUERO PEREZ/ISTOCK/GETTY IMAGES

# Quem inventou a juventude?

Não há um único jovem, vocês são muitos e diversos. Quando se fala em juventudes, assim mesmo no plural, podemos falar de meninos e meninas que vão dos 15 aos 29 anos, e com certeza, dependendo da idade, das necessidades, do lugar onde vivem, dos desejos e comportamentos, são bem diferentes um do outro.

O conceito de jovem não existe desde sempre. No século XIX, entre duas importantes revoluções modernas – a Revolução Francesa e a Revolução Industrial –, se decidiu que aqueles que viviam o período da puberdade estariam afastados das obrigações sociais e produtivas, isto é, do trabalho. Com isso, as crianças e os jovens tiveram aumentados o seu tempo livre para brincar e se preparar para o mundo do trabalho ou para o "mundo adulto".

Nesse sentido, os adolescentes tornaram-se "atores sem voz" em alguns círculos do mundo social e político. Vale lembrar que a própria existência desse segmento social chamado de juventude tem a ver com interesses econômicos, políticos e sociais de cada período da história. No início do século XX, adiou-se a entrada dos jovens no mundo do trabalho, pois as duas grandes guerras mundiais exigiam que os jovens se alistassem no exército.

Para saber mais sobre o perfil das juventudes brasileiras, confira o *site* do **Atlas das Juventudes** e acesse os inúmeros estudos e projeções. Disponível em: https://mod.lk/LrAPQ. Acesso em: 13 jan. 2025.

# Apolíticos ou despolitizados?

©ISABELA JORDANI

Sabe o que significa cada um desses adjetivos? Na verdade, são duas formas de criticar a posição dos jovens que não se interessam e não participam da vida política dos seus países, acusando-os de desconhecerem e ignorarem o mundo da política.

As pesquisas mostram, no entanto, que acusar os jovens de alienados não passa de preconceito. Veja:

- Muitos de vocês não acreditam nas formas como a política tem sido feita. A maioria desaprova como os partidos políticos trabalham e se organizam, não vendo nessas instituições espaços de representação e atuação, especialmente, para os jovens.
- Por outro lado, grande parte de vocês acredita em causas e isso os mobiliza, fazendo dos jovens grupos importantes de atuação e pressão politica, especialmente quando se trata de questões sociais e ambientais, por exemplo.

# O que os jovens reivindicam

Quem não se lembra de Greta Thunberg? A jovem ativista sueca, em 2018, aos 13 anos, decidiu fazer uma greve, faltando à escola e sentando-se na frente do parlamento sueco com uma placa de protesto em que se lia: "Greves escolares pelo clima". Sua mobilização atingiu outros países, como Holanda, Alemanha, Finlândia, Dinamarca, Austrália e, poucos meses depois, a jovem participou em plenária da 24ª Conferência das Nações Unidas pelas Mudanças Climáticas (COP24).

Será que aqui no Brasil há ativistas com projeção internacional? Sim, muitos jovens como você defendem a bandeira ambiental e diversas outras causas importantes.

## AMANDA COSTA

© ROBERTO CASIMIRO/FOTOARENA

Criadora de conteúdo e fundadora do coletivo **Perifa Sustentável**. À frente desta iniciativa, ela trabalha mobilizando jovens em defesa de uma nova agenda de desenvolvimento a partir da justiça racial e ambiental, pois acredita que não dá para ser ambientalista sem ser antirracista. É embaixadora da ONU e foi destaque da revista *Forbes*, na lista de pessoas mais influentes com menos de 30 anos.

**@souamandacosta**
**@perifasustentavel**

## ERICK SOARES

© ARQUIVO PESSOAL

Nomeado Jovem Ativista pela UNICEF em 2023, Erick é nascido e criado em favelas da Zona Norte do Rio de Janeiro. Criou o Coletivo **ArterAção** para reivindicar a democratização do acesso à cultura, à educação e à saúde e acredita no poder transformador da educação.

**@soaresmonteiro_**
**@coletivo_arteracao**

## TXAI SURUÍ

© SAM BARNES/SPORTSFILE/GETTY IMAGES

A ativista indígena do povo Paiter Suruí é coordenadora da **Kanindé** (Associação de Defesa Etnoambiental) e do **Movimento da Juventude Indígena de Rondônia**. Na COP26, fez um discurso sobre a importância do protagonismo indígena diante de causas ambientais que incomodou o presidente na época. Em 2023 foi selecionada, na lista anual da revista *Time*, como umas das 100 lideranças da nova geração. Acredita que o futuro é indígena!

**@txaisurui**
**@kanindebrazil**
**@juventudeindigenaro**

PARA SABER MAIS

*Seja um cidadão global e transforme o mundo* (São Paulo: Moderna, 2022), de Rodrigo Reis, é um título da Coleção Informação e Diálogo que atualiza a temática da cidadania global e tudo o que ela envolve em um mundo complexo e multifacetado como o nosso. Nesse contexto, é necessário conscientizar e empoderar crianças e jovens para exercerem sua potência cidadã, o que, efetivamente, pode transformar o mundo em que vivemos em um lugar socialmente mais justo e ambientalmente sustentável.

Olhando pelo retrovisor

## As reinvindicações envelhecem?

A geração dos seus pais e avós elegeram outras causas e se manifestaram de modos diferentes. Vamos dar uma olhada?





### UNIÃO BRASILEIRA DOS ESTUDANTES SECUNDARISTAS (UBES)

O movimento estudantil secundarista, isto é, dos jovens que cursam hoje o que chamamos de Ensino Médio, começou a se organizar no início do século XX. Em 1902, foi criado o Primeiro Grêmio Estudantil do país, em São Paulo. Conheça mais sobre os estudantes secundaristas brasileiros da UBES em seu *site* oficial: https://mod.lk/siteube. Acesso em: 13 jan. 2025.

Quer saber mais sobre cada atuação da UBES e da UNE? Confira no QR code!

https://mod.lk/iuneubes

### UNIÃO NACIONAL DOS ESTUDANTES (UNE)

A União Nacional dos Estudantes (UNE) é a principal entidade representativa dos estudantes universitários no Brasil. Fundada em 1937, a UNE tem desempenhado um papel significativo na defesa dos direitos estudantis, por melhorias na educação e na promoção de movimentos sociais e políticos. Ao longo de sua história, a UNE esteve envolvida em importantes momentos da vida política brasileira, por exemplo, se opondo à ditadura militar em defesa da democracia. A entidade continua a ser uma voz ativa na busca por uma educação pública de qualidade e na participação política dos jovens. Conheça mais sobre a UNE em seu *site* oficial: https://mod.lk/siteune. Acesso em: 13 jan. 2025.

**VOCÊ SABIA?**

## Uma causa para chamar de sua

Quando vai a um show e pode pagar meia entrada, você se lembra de que esse direito foi conquistado por jovens como você? Quando você publica suas ideias e manifesta sua posição sobre qualquer tema nas redes sociais, você se lembra que a liberdade de expressão foi também conquistada por outras gerações antes da sua?

Você se dedica a alguma causa? Tem amigos ou conhecidos que atuam em defesa de algo?

© ANA THOMAS TERRA

© FG TRADE/E+/GETTY IMAGES

# Estado brasileiro: constituição, organização e funcionamento

Há atualmente no mundo cerca de 1,8 bilhões de adolescentes e jovens entre 10 e 24 anos. Desses, perto de 50 milhões entre 15 e 29 anos vivem no Brasil. Você se sente representado? Sabe como seu país está organizado politicamente? Quais espaços você tem de participação? Quais as instituições e regras que orientam e protegem cidadãs e cidadãos brasileiros?

Para que um jogo de futebol aconteça, é necessário mais do que jogadores, um campo e uma bola rolando. Se não houver regras bem claras, vai acontecer um corre-corre danado e nenhum dos 22 participantes vai saber com clareza o que fazer, por mais que o futebol seja conhecido pela maioria dos brasileiros.

As regras, portanto, são importantes para definir e deixar claro para todos qual o objetivo do jogo e o que pode ou não ser feito para atingi-lo.

A participação de um árbitro é também estratégica, para apitar toda vez que alguma das regras for desrespeitada. E, hoje, com o VAR, dá até para conferir se o juiz foi justo ou não ao aplicar o regulamento.

E no Brasil, como é que os mais de 220 milhões de brasileiros vivem? Como é que se dá o jogo político? Quais as instituições que temos e quais leis regulam esse país e seu povo?

SIGA O FIO...

# A Constituição

A Constituição ou Carta Magna é um documento que contém um conjunto de princípios fundamentais que inspiram e definem a criação das instituições de poder, as leis e as regras que organizam e dão forma ao país.

É na Constituição Brasileira, em vigor desde 1988, que tudo isso está definido e escrito. É possível mudar a Constituição? Sim, mas não é fácil não. As chamadas CLÁUSULAS PÉTREAS, por exemplo, não podem ser mexidas ou alteradas. São elas: **a forma federativa de Estado; o voto direto, secreto, universal e periódico; a separação dos Poderes; e os direitos e garantias individuais.**

POR SUA CARACTERÍSTICA IMUTÁVEL, AS CLÁUSULAS GANHARAM UM ADJETIVO QUE REMETE A PEDRA: PÉTREAS.

**Você precisa saber**

## Congresso constituinte

A Constituição que está em vigor foi fruto de forte pressão popular para mudar a forma como o Brasil estava organizado depois de 21 anos de ditadura.

Não foi possível eleger uma Assembleia Constituinte especialmente para isso, mas o Congresso Nacional, isto é, deputados federais e senadores eleitos em novembro de 1986, tiveram a função de trabalhar também pela elaboração de uma nova constituição.

Na ocasião, o Congresso Constituinte, presidido por Ulisses Guimarães, teve a tarefa de ouvir grupos já organizados e cidadãos comuns.

O debate em torno de questões polêmicas e importantes durou 18 meses e resultou, em 1988, na promulgação da Constituição que nos rege até hoje, também conhecida como Constituição Cidadã.

Ulysses Guimarães, então presidente do Congresso Constituinte, entregando a Constituição Brasileira de 1988.

©ARQUIVO/AGÊNCIA BRASIL

# O que diz a Constituição Brasileira de 1988?



Os 250 artigos que compõem a nossa Constituição podem ser divididos em quatro grandes partes.

**PARTE 1 – DOS FUNDAMENTOS E DAS GARANTIAS FUNDAMENTAIS**

Um conjunto de artigos define os fundamentos que constituem o Brasil. É lá que está escrito que o Brasil deve ser uma República Federativa; que o voto será secreto, universal e periódico; que haverá a separação dos poderes em Executivo, Legislativo e Judiciário. Está lá também a definição de quais devem ser os direitos e garantias dos indivíduos.

**PARTE 2 – DA ORGANIZAÇÃO DO ESTADO BRASILEIRO**

Nessa parte a Constituição brasileira trata de como deve ser organizada a República Federativa. Vários capítulos descrevem quem deve ter o poder de fazer o quê, ou seja, quais são as atribuições e responsabilidades de cada instituição nessa tarefa.

**PARTE 3 – A DESCRIÇÃO DE COMO OS OBJETIVOS SERÃO ALCANÇADOS**

Na sequência, estão definidos e detalhados os caminhos e os meios que o Brasil deverá percorrer para atingir seus objetivos e finalidades. Quem pode ter a iniciativa e de onde virão os recursos para que o Estado alcance seus propósitos.

**PARTE 4 – AS FINALIDADES E OS PÚBLICOS PRIORITÁRIOS**

Chamada de "ordem social", essa parte da Constituição é onde se define o conjunto de políticas públicas que devem ser implementadas e desenvolvidas no país: educação, cultura, ciência, tecnologia, saúde, previdência, assistência social e meio ambiente. Aqui define-se também quem deverá ser o alvo preferencial dessas políticas: famílias, crianças, adolescentes, jovens, idosos e povos indígenas.

# Brasil, mostra a sua cara!

Você já deve ter ouvido pelo menos uma dessas afirmações:

**O Brasil é uma república federativa.**

**O Brasil é presidencialista.**

**O Brasil é um Estado Democrático de Direito.**

**O Brasil é um Estado laico.**

O Brasil é tudo isso junto e misturado. Vamos por partes.

## O que quer dizer república federativa?

A palavra república vem do latim *res publica* (coisa do povo), e é uma forma de governo cujo chefe de Estado é eleito ou designado para representar o povo.

O Brasil é uma república, isto é, a Constituição Brasileira estabelece que o voto é nosso direito e obrigação para a escolha dos representantes que vão governar o país por um determinado período de tempo.

República federativa, por sua vez, significa que a forma de governo do Brasil, além de ser republicana, se organiza de forma federativa, isto é, dividida em unidades administrativas que têm autonomia e governos próprios, mas devem se manter unidos e subordinados ao governo federal. São 27 unidades federativas (26 estados e um Distrito Federal, que é Brasília) e os mais de 5 mil municípios.

**Você precisa saber**

### Democracia moderna

A democracia moderna, como a vivemos hoje no Brasil, ampliou e aprofundou o sentido de ser um governo "do povo". Isso porque ela apresenta uma forma de organização política, de fato, mais justa e mais representativa dos interesses populares. Os três poderes e todo o ordenamento jurídico, isto é, a Constituição, as regras e leis que regem o Estado, garantem a participação e representação, via votação, de todos os cidadãos, independentemente de gênero, raça, religião ou classe social a que pertencem. Importante: nem todas as repúblicas são democracias e nem todas as democracias são repúblicas. O Brasil é uma república e uma democracia representativa.

## O que quer dizer presidencialista?

A monarquia no Brasil chegou ao fim em 1889, quando foi proclamada a república. Saiu de cena o rei e entrou a figura do presidente, eleito como chefe do governo do Estado brasileiro.

A forma republicana de governo anda de mãos dadas com o sistema presidencialista e com o regime democrático. Nos países com presidencialismo total, como no Brasil, o presidente tem muitas funções: ele é o responsável por coordenar a execução de políticas públicas, a escolha dos ministros que vão trabalhar com ele e tem até o poder de vetar projetos que venham do Legislativo, dentre outras tarefas e responsabilidades.

Existem três sistemas de governo republicanos: presidencialista, semipresidencialista e parlamentarista.

**Para entender mais, confira o infográfico da Câmara dos Deputados, disponível em:** **https://mod.lk/7Zr1H**

## O que significa dizer que o Brasil é um Estado Democrático de Direito?

O Estado Democrático de Direito é uma forma de Estado no qual a soberania popular e o respeito aos direitos humanos são fundamentais. As leis, portanto, são criadas pelos representantes do povo para o povo, o que garante que a sociedade brasileira possa ser minimamente justa.

Vale lembrar também que o Brasil vive sob o regime da democracia representativa, isto é, o povo elege seus representantes para governar e legislar em nome dos vários interesses existentes na sociedade.

Por isso é importante compreender o que cada candidato defende e votar com responsabilidade. Assim, seu representante poderá tratar de políticas e causas que te interessam, pondo em práticas as mudanças que você quer.

Você precisa saber

## Estado e governo: qual a diferença?

É muito comum a gente tratar o Estado brasileiro como se fosse o governo que foi eleito. Na verdade, Estado é o Brasil, portanto, ele está acima de quem o governa por determinado período de tempo. A palavra Estado, quando se refere ao nosso país, é escrita com E maiúsculo, diferentemente de estados da federação, que se escreve com minúsculo.

O ESTADO BRASILEIRO É, PORTANTO, UM TERRITÓRIO SOBERANO ORGANIZADO COM BASE EM TRÊS PODERES. O PODER LEGISLATIVO CRIARÁ AS LEIS, O PODER EXECUTIVO FARÁ VALER AS LEIS POR MEIO DO GOVERNO E O PODER JUDICIÁRIO JULGARÁ AQUELES QUE INFRINGIREM ESSAS LEIS DE MANEIRA IMPARCIAL E DE ACORDO COM O QUE ESTÁ DEFINIDO NA NOSSA LEGISLAÇÃO.

## O que quer dizer Estado laico?

©ISABELA JORDANI

O Estado brasileiro é laico – isto é, sem uma religião oficial – e assim deve ser imparcial em relação a todas as religiões, que contam com a proteção da Constituição para serem exercidas com total liberdade, tratadas e respeitadas da mesma forma.

VOCÊ SABIA?

### A Constituição ou a Bíblia?

A liberdade religiosa é um direito de todos e a discriminação e a perseguição religiosa são consideradas crimes no Brasil, com pena prevista de 2 a 5 anos de prisão.

Alguns políticos usam fé e religião como forma de convencer seus eleitores e ampliar suas bases eleitorais, impondo temas sobre os comportamentos, por exemplo.

Política não depende de fé, fique de olho!.

# O Brasil é...

**Um país de sistema presidencialista**

**Uma República Federativa**

**Um Estado Democrático de Direito**

**Um Estado laico**

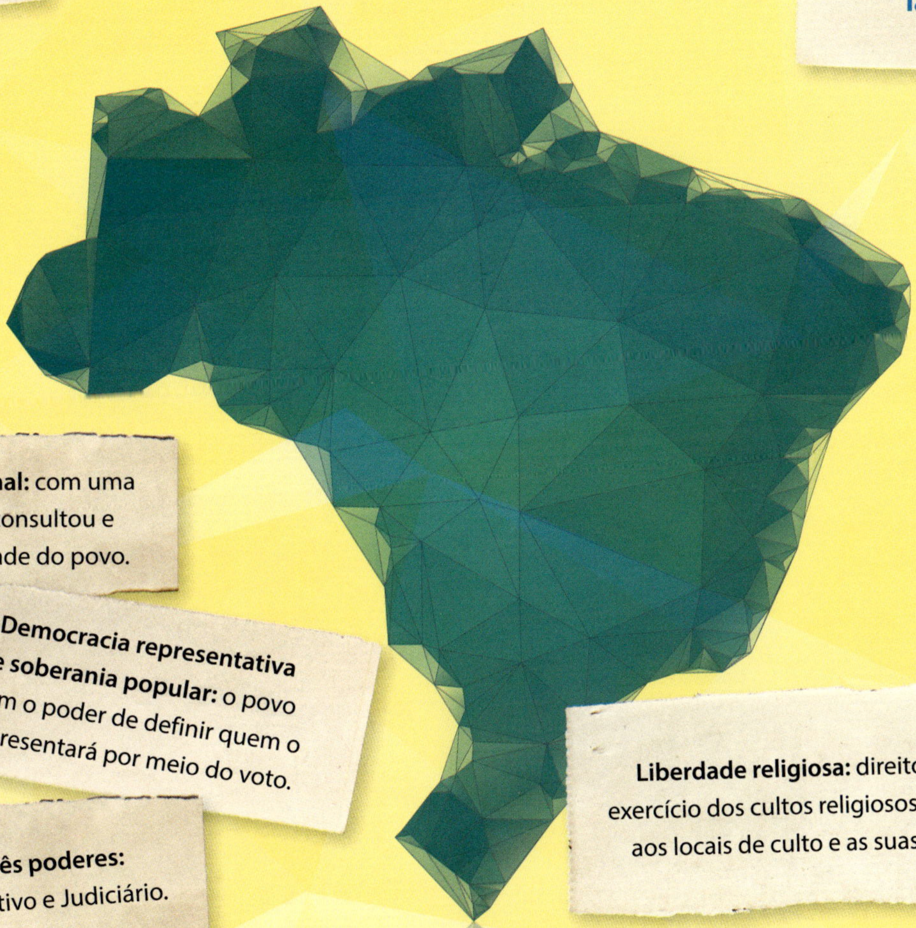



**Estado Constitucional:** com uma Constituição que consultou e contemplou e vontade do povo.

**Democracia representativa e soberania popular:** o povo tem o poder de definir quem o representará por meio do voto.

**Divisão dos três poderes:** Executivo, Legislativo e Judiciário.

**Direitos constitucionais:** defesa e garantia da justiça social do país, direitos humanos e para todos os cidadãos.

**Liberdade religiosa:** direito ao livre exercício dos cultos religiosos e proteção aos locais de culto e as suas liturgias.

CHEGAMOS ATÉ AQUI POR CAUSA DE IMPORTANTES CONQUISTAS E TEMOS INÚMERAS BATALHAS PELA FRENTE NA CONSTRUÇÃO DE UMA SOCIEDADE MAIS JUSTA E IGUALITÁRIA, COMO A CONSTITUIÇÃO BRASILEIRA DE 1988 DEFENDE. CADA GERAÇÃO APROFUNDA E COLABORA COM AS TRANSFORMAÇÕES AO SEU ALCANCE.

# A democracia brasileira

O Estado Democrático de Direito, por meio dos três poderes (Executivo, Legislativo e Judiciário), defende que nenhum poder pode mais do que o outro e garante também que o povo seja soberano nas suas escolhas por meio do voto em cargos, medidas, referendos, plebiscitos e outras formas de consultas públicas previstas na Constituição.

**PRAÇA DOS TRÊS PODERES**
Brasília, Distrito Federal

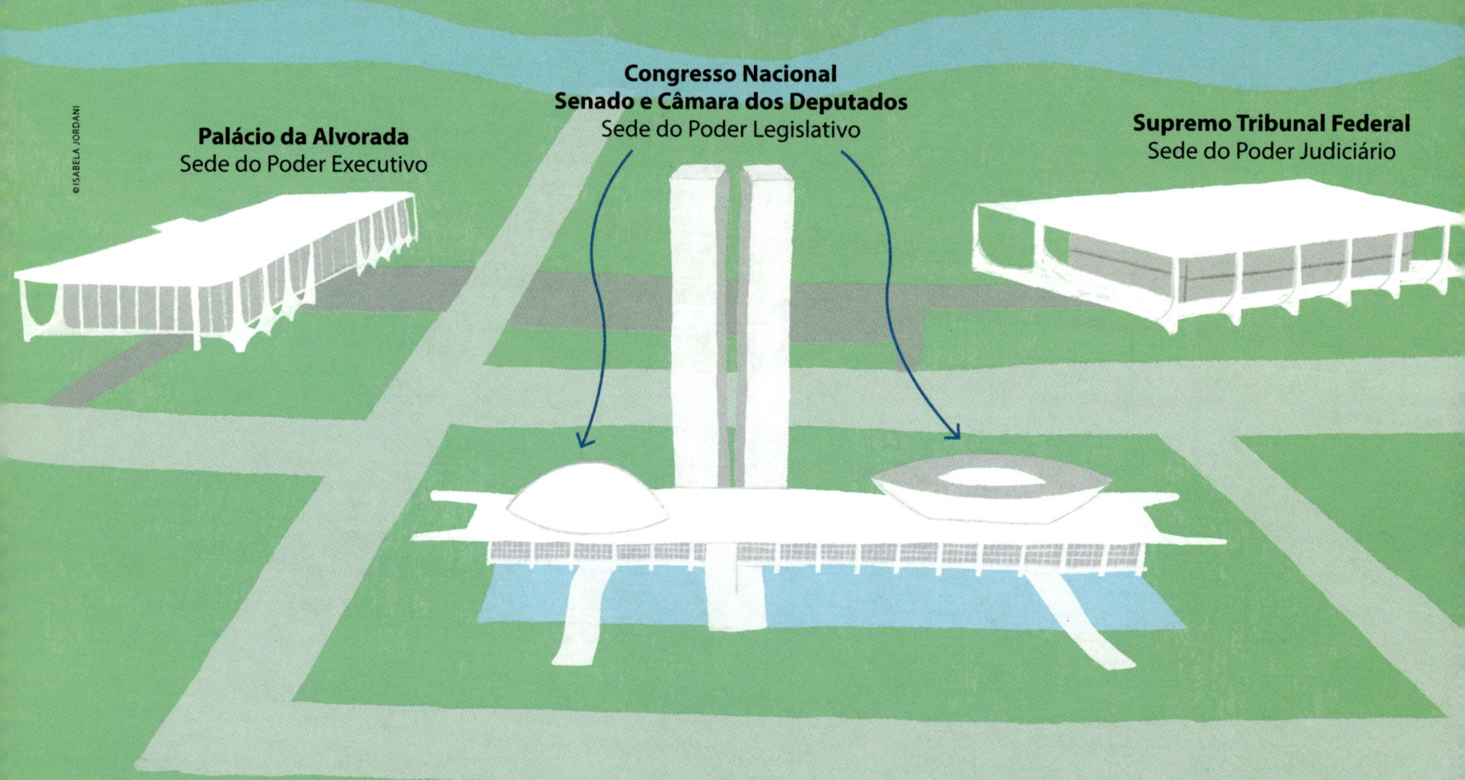




A concepção da divisão dos poderes existe desde o Iluminismo, no século XVIII. Montesquieu (1689-1755), filósofo, político e escritor francês, ficou famoso pela criação dessa teoria como forma de evitar a concentração de poder nas mãos dos monarcas e, portanto, evitar a tirania. Grande parte das constituições internacionais e a Constituição brasileira contemplam esse princípio.

©JASMIN MERDAN/MOMENT RF/GETTY IMAGES

# Cola que é bom saber

Que tal uma colinha para saber como se organizam as estruturas de poder no Brasil?

## Os três poderes no Brasil

| | Executivo | Legislativo | | Judiciário |
|---|---|---|---|---|
| **União** | **Presidente da República** Mandato de quatro anos, eleito diretamente. Administra o país e escolhe os ministros. | **Deputados federais** Mandato de quatro anos, eleitos diretamente. Elaboram leis federais e fiscalizam o Executivo. | **Senadores** Mandato de oito anos, eleitos diretamente. Elaboram leis federais e fiscalizam o Executivo. | **Ministros** Superior Tribunal Federal (STF); Superior Tribunal de Justiça (STJ), Tribunal Superior do Trabalho (TST), Tribunal Superior Eleitoral (TSE) e Superior Tribunal Militar (STM). Nomeados pelo presidente, aprovados pelo Senado. Garantem que a lei seja cumprida. |
| **Estado** | **Governador** Mandato de quatro anos, eleito diretamente. Administra o estado e nomeia os secretários. | **Deputados estaduais** Mandato de quatro anos, eleitos diretamente. Elaboram leis estaduais e fiscalizam a administração do governo do estado. | Não há senadores nas esferas estaduais. | **Desembargadores** Tribunal de Justiça (TJ) e Tribunal de Justiça Militar (TJM), Tribunal Regional Federal (TRF), Tribunal Regional do Trabalho (TRT), Tribunal Regional Eleitoral (TRE). Promovidos por antiguidade ou merecimento. Julgam pela segunda vez um processo, em caso de recurso. |
| **Município** | **Prefeito** Mandato de quatro anos, eleito diretamente. Administra o município e nomeia os secretários. | **Vereadores** Mandato de quatro anos, eleitos diretamente. Elaboram leis municipais e fiscalizam as ações da prefeitura. | Não há senadores nas esferas municipais. | **Juízes** Juízes de direito, juízes federais, juízes do trabalho, juízes eleitorais, juízes auditores e juízes militares. Entram por concurso público. Fazem o primeiro julgamento de um processo. |

Adaptado de "Os três poderes do Brasil", infográfico da revista *Nova Escola*, disponível em: https://mod.lk/ii4oN. Acesso em: 13 jan. 2025.

**Você precisa saber**

### Funcionários públicos: muitos ou poucos?

Fundamentais para a máquina pública, funcionários da saúde, professores, assistentes sociais, bombeiros, policiais, fiscais, entre outros, cumprem, diariamente, a tarefa democrática de servir a população brasileira.

O mito de que são muitos e ineficientes é uma distorção que vale a pena ser esclarecida com dados:

"Para uma estrutura federativa constituída por União, 26 estados, Distrito Federal e 5.568 municípios, o Brasil tem cerca de 11 milhões de integrantes do funcionalismo, em todas as esferas (Executivo, Legislativo e Judiciário) – contingente que representa 12,4% dos trabalhadores ativos do país [...]".

Mitos e verdades sobre os servidores públicos e professores do Brasil, *Folha de S.Paulo*. Disponível em: https://mod.lk/EJSrx. Acesso em: 13 jan. 2025.

# Juventudes e as eleições

© IMAGINEEDESENHE

"VOTO JOVEM REPRESENTA 27% DO ELEITORADO E PODE DECIDIR PLEITO, DIZ TSE"
– AGÊNCIA BRASIL, 15 SET. 2016

"ACHO IMPORTANTE TER O TÍTULO ELEITORAL PORQUE, ALÉM DE AJUDAR NA PROCURA DE UM EVENTUAL TRABALHO, TAMBÉM VOU PODER AJUDAR NA MUDANÇA DO MEU PAÍS, ME INTEGRAR À SOCIEDADE COMO CIDADÃO".
– GUSTAVO RODRIGUES, 15 ANOS, EM ENTREVISTA DADA AO *SITE* DO TRIBUNAL SUPERIOR ELEITORAL (TSE) EM 2023. DISPONÍVEL EM: HTTPS://MOD.LK/S3VK3. ACESSO EM: 13 JAN. 2025.

No Brasil o voto é obrigatório a partir dos 18 anos, sendo facultativo (ou seja, opcional), para jovens entre 16 e 17 anos, para os maiores de 70 anos e para analfabetos.

Fique atento: embora só possa votar com 16 anos, você já pode fazer seu título de eleitor aos 15 anos. Pela internet, é possível emitir o título pelo serviço TítuloNet, no computador, *tablet* ou celular. O aplicativo e-Título dispensa o título em papel e permite o acesso às suas informações pessoais armazenadas no banco de dados da Justiça Eleitoral. Confira como fazer em: https://mod.lk/XXGwg. Acesso em: 13 jan. 2025.

Se preferir presencialmente, vá ao cartório eleitoral da sua cidade. Vale lembrar que tem prazo para tirar seu título de eleitor, que ocorre sempre no mês de maio do ano em que houver eleições. Confira mais aqui: https://mod.lk/fkWrD. Acesso em: 13 jan. 2025.

Quer saber mais sobre o processo de eleição? Entre no *site* Central do Barulhinho e veja mais informações: https://mod.lk/olhabaru. Acesso em: 13 jan. 2025.

© NELSON JR./ASICS/TSE

## Você já pode votar, mas sabe escolher?

Com o seu título de eleitor em mãos, é provável que logo, logo você vai se ver diante de uma urna eletrônica e terá de escolher. É fácil apertar o botão, o difícil é saber em quem votar. Para presidente e governador, normalmente, a atenção das mídias é maior e todos se posicionam em torno de uma ou outra candidatura, mas como decidir entre tantos vereadores, deputados estaduais e federais ou mesmo para senador?

# Voto de cabresto e as urnas eletrônicas

© ISABELA JORDANI

Você já ouviu falar em voto de cabresto? A imagem diz tudo, não é? Mas, saiba que esse hábito dos "coronéis", como se denominavam os donos das riquezas dos primeiros tempos do período republicano brasileiro, permanece até hoje de várias e criativas maneiras. Um bom exemplo são as promessas sobre a isenção de impostos das igrejas, o que faz com que as lideranças religiosas pressionem e manipulem a fé de seus fiéis para votarem em determinado candidato de seus interesses.

Por outro lado, se antigamente até "mortos" votavam – porque era impossível comprovar as fraudes – hoje, com as urnas eletrônicas, esse problema está resolvido. De forma ágil e segura, todos os eleitores têm o direito ao voto secreto e inviolável.

A primeira eleição eletrônica ocorreu em 1989, em um teste experimental. Os autores dessa proeza foram os irmãos Carlos e Roberto Prudêncio, que desenvolveram um sistema no qual os eleitores preenchiam uma cédula, que passava por um leitor ótico e depois era colocada devidamente carimbada, em uma urna comum.

As eleições de 1998 conseguiram atingir 57,62% dos eleitores, por meio de um modelo que ampliou a capacidade da máquina de processar os votos. Somente no ano 2000 a votação eletrônica foi utilizada em todo território nacional. Somos pioneiros na informatização das eleições e, desde então, temos acompanhado a evolução das tecnologias digitais, aperfeiçoando o sistema e tornando as eleições cada vez mais seguras e transparentes.

**Saiba mais sobre a história da urna eletrônica!**

**https://mod.lk/41eCG**

# Guia prático para escolher seu candidato de modo criterioso e crítico

A cada dois anos temos eleições no Brasil, portanto, é fundamental que você saiba escolher bem seus candidatos, mesmo que ainda não vote.

Enquanto não chega seu título eleitoral, aproveite para treinar e até orientar seus familiares, amigos e vizinhos. Mas se você já é um eleitor registrado, fique ligado em como não ser enganado por um político *fake*.

©ISABELA JORDANI

Você precisa saber

## Amnésia eleitoral

Diante da pergunta "Você se lembra em quem votou nas eleições passadas?", um número surpreendentemente grande de eleitores, passados 20 dias das eleições, já não sabia mais quais tinham sido suas escolhas, principalmente quando se tratava de eleições para vereadores, deputados estaduais ou federais. É mais fácil se lembrar do voto para presidente, governador e prefeito, segundo pesquisa do instituto Datafolha de 2022.

Sabe por quê? Segundo o cientista político Carlos Ranulfo, as pessoas não conseguem se lembrar porque não se informam sobre política. A descrença nos políticos também contribui para o descaso na hora de escolher e, o que temos visto, é um número grande de políticos despreparados e desqualificados para nos representar.

Quem você escolheria para te representar? Pense nisso!

**REGRA 1**
**NÃO EXISTEM BANDIDOS E MOCINHOS NA VIDA REAL**
OS SERES HUMANOS NÃO TÊM SÓ DOIS LADOS, O DOS PUROS E O DOS MALVADOS. PENSAR ASSIM NÃO ESTÁ COM NADA!

**REGRA 2**
**MITOS E HERÓIS**
QUEM PROMETE QUE VAI RESOLVER TUDO, MATAR NO PEITO E FAZER O GOL, NÃO SABE QUE, ASSIM COMO NO FUTEBOL, AS TRANSFORMAÇÕES POLÍTICAS SÃO UM PROJETO COLETIVO. NÃO EXISTEM SALVADORES DA PÁTRIA!

**REGRA 3**
**GOLPE PELA DEMOCRACIA**
COMO PODE ALGUÉM NÃO RESPEITAR AS REGRAS DA DEMOCRACIA EM NOME DA PRÓPRIA DEMOCRACIA? NÃO FAZ SENTIDO ALGUM!

**REGRA 4**
**SENSO COMUM NÃO É VERDADE**
GENERALIZAÇÕES E SIMPLIFICAÇÕES NÃO AJUDAM A ENTENDER E MUITO MENOS A MUDAR O QUE ESTÁ ERRADO. USE A INTUIÇÃO PARA INVESTIGAR E DADOS PARA COMPROVAR!

**REGRA 5**
**NÃO HÁ MÁGICA!**
PROBLEMAS COMPLEXOS EXIGEM SOLUÇÕES COMPLEXAS. SOLUÇÕES SIMPLISTAS ATÉ RENDEM BONS MEMES, MAS NÃO AJUDAM A RESOLVER. O QUE É SIMPLES NEM SEMPRE É A SOLUÇÃO, SAIBA DISSO!

**REGRA 6**
**PROMESSAS SEDUZEM**
CONHEÇA O PROGRAMA POLÍTICO E O HISTÓRICO DO CANDIDATO. PROMESSAS PODEM SER APENAS O QUE VOCÊ QUER OUVIR E NÃO O QUE ELE VAI FAZER. FIQUE DE OLHO!

**REGRA 7**
**NÃO EXISTE CANDIDATO A UM CARGO POLÍTICO QUE NÃO SEJA POLÍTICO**
COMO OS POLÍTICOS ESTÃO EM BAIXA, ELES VÃO DIZER QUE SÃO EMPRESÁRIOS, GESTORES, ENGENHEIROS, TUDO MENOS POLÍTICOS... SÓ QUE NÃO!

**REGRA 8**
**RELIGIÃO E POLÍTICA NÃO SE MISTURAM POLÍTICA**
É COISA PÚBLICA, RELIGIÃO É ESCOLHA PARTICULAR DE CADA UM. NÃO SE DEIXE ENGANAR!

**REGRA 9**
**FARDA NÃO É SINÔNIMO DE SEGURANÇA**
CANDIDATO POLICIAL OU MILITAR NÃO É, NECESSARIAMENTE, SINÔNIMO DE SEGURANÇA. SEGURANÇA PÚBLICA SE FAZ COM PROJETO QUE ENVOLVE TODA A SOCIEDADE. DESCONFIE!

**REGRA 10**
**DIGA-ME COM QUEM ANDAS...**
PROCURE SABER QUEM APOIA O CANDIDATO E DESCUBRA QUEM ELE REPRESENTA. LUPA NELE!

**REGRA 11**
**MENTIRAS E VERDADES**
EM TEMPOS DE REDES SOCIAIS, TODO CUIDADO É POUCO PARA NÃO ESPALHAR *FAKE NEWS*. LEIA, PARE, PENSE, INVESTIGUE E.... SÓ DEPOIS COMPARTILHE.

**REGRA 12**
**NÃO VALE DECIDIR NO DIA**
POLÍTICA É COMO NOVELA, PRECISA SEGUIR CAPÍTULO A CAPÍTULO. ASSIM, NA HORA DE VOTAR, VOCÊ SABE QUEM É QUEM. ESCOLHER NA VÉSPERA OU POR INDICAÇÃO É PERIGOSO.

**LEMBRE-SE DE QUE NÃO ADIANTA FALAR MAL DOS POLÍTICOS, POIS SOMOS NÓS QUE OS ELEGEMOS, CERTO? BORA APRENDER A ESCOLHER BEM PARA NÃO TER DO QUE RECLAMAR.**

# Diário das eleições

©ISABELA JORDANI

Há muitos aplicativos com diversas finalidades, desde os que podem ajudar a acompanhar o desempenho e cobrar as promessas feitas pelos políticos eleitos até *sites* mais interativos para que você possa enviar reclamações e sugestões. Mas, vale até o velho e bom caderno de papel ou uma pasta no computador.

Veja alguns *apps* e plataformas *online* e o que eles podem oferecer para te ajudar na tarefa de cidadão consciente e ativo:

**Poder do voto**

**https://mod.lk/pdvoto**

O aplicativo para *smartphone* disponibiliza perfis de políticos eleitos e permite que o usuário acompanhe leis que estão em votação e o posicionamento do seu congressista, isto é, deputado federal ou senador. Possibilita também interagir, comunicar e cobrar os políticos em quem você votou.

**Transparência Brasil**

**https://mod.lk/transpar**

É uma ONG (Organização Não Governamental) que monitora dados públicos e avalia a atuação dos políticos. Em seu *site* e perfis sociais, a Transparência divulga informações sobre combate à corrupção, doações eleitorais e atividades no Congresso Nacional.

**Colab**

**https://mod.lk/colabcid**

Uma iniciativa premiada, esse serviço interativo ajuda você a ser um bom cidadão na sua cidade. Passou em uma rua e viu um buraco? Tire uma foto, adicione os detalhes na descrição e publique a sua demanda no aplicativo do Colab.

**Voto Consciente**

**https://mod.lk/votocons**

O Movimento Voto Consciente é também uma organização não governamental e suprapartidária que colabora, desde 1987, para aprimorar a democracia, favorecendo o acompanhamento do trabalho do Legislativo.

**Radar do Congresso**

**https://mod.lk/quemfolq**

Para conhecer os deputados federais e senadores e fiscalizar seus comportamentos em relação às principais pautas, votações, transparência e ausências não justificadas.

Olhando pelo retrovisor

## O voto feminino

Desde a Revolução Francesa, em 1789, as mulheres reivindicavam o sufrágio feminino, isto é, o direito ao voto pelas mulheres, mas ele só foi permitido, pela primeira vez no mundo, em 1893, na Nova Zelândia. No Brasil, oficialmente só depois de 40 anos, em 1932.

Quer saber mais? Confira os materiais a seguir!

**24 de fevereiro: dia da conquista do voto feminino no Brasil**

**https://mod.lk/tRjLL**

**O voto feminino no Brasil (livro)**

**https://mod.lk/ZfJ0V**

**Cinco fatos sobre a conquista do voto feminino no Brasil**

**https://mod.lk/rqB6A**

# Mundo, mundo, vasto mundo...

Se você acha que o mundo está confuso e tenso, significa que está antenado. Segundo os analistas, o mundo contemporâneo está mesmo complexo: muitas guerras, conflitos econômicos, profundas transformações tecnológicas que geram incertezas em relação ao futuro das profissões e do mundo do trabalho, lamentáveis desigualdades sociais, étnicas, raciais e de gênero, depressão e angústia generalizadas, crises climáticas, violências de todo tipo ameaçando a vida do planeta em meio à fragilidade das democracias e avanços de forças extremistas e destrutivas.

As pesquisas que buscam ouvir os jovens confirmam que vocês estão atentos ao que está acontecendo ao seu redor. O grupo Deloitte fez uma pesquisa, concluída em março de 2024, com jovens de 44 países, das gerações *Millenial* (nascidos entre 1983 e 1994) e *Z* (nascidos entre 1995 e 2005). A pesquisa informa que, de um modo geral, os jovens estão preocupados em relação ao futuro das profissões tanto quanto do planeta. Revelam também o desejo de equilibrar os desafios de suas vidas diárias com a importância de impulsionar mudanças sociais.

Segundo o relatório da fundação Luminate, "A democracia, o Estado, e o Congresso, no Brasil, são tidos como deficitários, intrinsecamente corruptos, representando apenas os interesses das elites, dos políticos e não da população. **Desigualdade social** aparece também como um impeditivo para o desenvolvimento de uma democracia saudável, e, por fim, a **corrupção**, nas suas múltiplas dimensões, aparece como a causa fundamental da precariedade da democracia no país, independentemente da ideologia dos entrevistados". (Disponível em: https://mod.lk/juvlatam. Acesso em: 13 jan. 2025.)

Você também pensa assim?

**ENCARAR OS DESAFIOS DA DEMOCRACIA BRASILEIRA É UMA TAREFA COLETIVA PARA MUITAS GERAÇÕES. NÃO BASTA RECLAMAR. TEM QUE PARTICIPAR PARA TRANSFORMAR.**

Alguns dos problemas que preocupam e desmotivam os jovens já afetam a sociedade brasileira há muito tempo. Está mais do que na hora de enfrentar esses desafios em busca de um mundo melhor.

SIGA O FIO...

# Corrupção

Quase sempre associamos corrupção aos partidos, aos políticos e aos funcionários públicos. Acreditamos também que corrupção só acontece quando a falta praticada é grave e envolve altas cifras em dinheiro, propinas e vantagens escancaradas. O que é corrupção para você?

**"Entre os entrevistados 82% não confiam nos partidos políticos, nem no Congresso Nacional (80%), governo (69%) e Presidência da República (63%). Entre os maiores incômodos, a corrupção apareceu para 62% dos jovens.**
***(Pesquisa aponta que 60% dos jovens brasileiros estão desacreditados com a política, portal Educação e Território, 27 out. 2021)***

Você já se sentiu morrendo de fome diante de uma fila enorme da cantina? Olhou rapidinho para ver se encontrava um amigo para pedir o favor de agilizar o seu lanche? Aposto que já passou por isso. Agora reflita:

- Você acha que, se estiver atrasado e com muita fome, justifica furar a fila da cantina? Por que na maioria das vezes quem é passado para trás fica sem reclamar? Será que se identifica com a pessoa que furou a fila? Será que sentiu medo? Você considera esse comportamento solidariedade ou cumplicidade? Será que pode ser considerado corrupção passiva?
- Certamente você não se sentiu como um corrupto ou corruptor ao furar a fila, tampouco essa atitude é um crime previsto em lei. Mas, será que é um comportamento ético? Para você, existe diferença entre os pequenos e os grandes atos de corrupção?

Veja outros casos e reflita sobre o significado dessas atitudes:

- Estacionar em lugar proibido "só por um minutinho".
- Alterar a data de nascimento em carteirinha de estudante.
- Desrespeitar as regras da sua escola.
- Omitir as fontes de pesquisa ou o uso da inteligência artificial na hora de fazer um trabalho escolar.
- Aceitar colocar o nome do colega no trabalho mesmo que ele não tenha colaborado.
- Circular no acostamento da estrada para driblar o congestionamento de carros.
- Jogar lixo pelo pátio e pelas ruas.

Você deve estar pensando que essa lista não tem nada a ver com corrupção. Algumas atitudes podem até ser consideradas infração, mas outras, são apenas "espertezas" ou mesmo gestos de solidariedade para com os amigos. Porém, a gente acredita que para arrumar o país é preciso começar arrumando a nossa própria casa. Os comportamentos éticos são o fundamento mais importante contra a corrupção. Pense nisto!

A corrupção e a desigualdade social são problemas graves e interligados. Segundo o filósofo, professor titular da Faculdade de Filosofia, Letras e Ciências Humanas da Universidade de São Paulo (FFLCH-USP) e ex-Ministro da Educação, Renato Janine Ribeiro, em sua coluna na Rádio USP, a ética na política não está ligada apenas ao roubo ou desvio de dinheiro, mas também à pobreza e a fome que assolam o Brasil. (Confira na íntegra em: https://mod.lk/E6ssF. Acesso em: 13 jan. 2025.)

A corrupção é um grande mal para toda e qualquer sociedade, pois é uma prática duplamente cruel: é roubo ou benefício adquirido de modo ilegal e antiético e o desvio de recursos públicos de onde e para quem deveriam chegar. Nesse sentido, ela aprofunda as desigualdades sociais, tema, segundo as pesquisas, bastante importante e sensível para todos os jovens.

Ainda segundo Renato Janine Ribeiro, existem duas formas de enfrentar a corrupção: pelos controles públicos e pela educação política, trazendo esclarecimento para a população.

# Quem define o que é certo e o que é errado?

Desde 1995, a Transparência Internacional publica o relatório anual com o Índice de Percepção de Corrupção (IPC). O Brasil ocupa a 104ª posição nesse *ranking* (segundo dados de 2024). A pergunta essencial a ser feita, pode ser também: Será que temos de ser sempre assim? A quem interessa que o Brasil seja visto como um país muito corrupto?

Confira algumas das ações para combater a corrupção:

©MIRAGEC/MOMENT RF/GETTY IMAGES

- Proteção legal para denunciantes que reportam casos de suborno e corrupção.
- Transparência e acesso a informações de caráter público.
- Efetividade na punição de funcionários públicos corruptos.
- Ter uma política nacional anticorrupção.

Pare e pense: quais desses critérios o Brasil cumpre e quais não cumpre?

**QUANTO MAIS DEMOCRÁTICO O BRASIL FOR, MAIS TRANSPARENTES SERÃO AS INFORMAÇÕES PÚBLICAS E MAIS PUNIÇÃO HAVERÁ AOS QUE COMENTEM CRIMES DE CORRUPÇÃO.**

No Brasil, associa-se corrupção à política e aos políticos, ao Estado brasileiro e às empresas públicas ou estatais. Mas, se há corrupção, quem serão os corruptores? Certamente não são só os que trabalham no poder público, mas também quem se beneficia desses recursos. Pense nisso!

## A Lava-Jato e a corrupção

A Lava-Jato foi uma operação de investigação sobre corrupção no Brasil que durou de 2014 a 2021 e foi responsável pela descoberta de esquemas de corrupção em empresas públicas e privadas a partir da Petrobras, mobilizando apoio de grande parte da população e da mídia que, desde sempre, também aponta a corrupção como o grande mal do país.

Mas, em 2019, o vazamento de conversas entre dois expoentes da operação, o ex-juiz Sergio Moro e o procurador Deltan Dallagnol, em uma série de reportagens conhecida por Vaza-Jato, fez com os que os juízes do Superior Tribunal Federal (STF) questionassem a imparcialidade do juiz na condução do processo.

**2ª Turma reconhece parcialidade de ex-juiz Sérgio Moro na condenação de Lula no caso Triplex**

Por decisão majoritária, colegiado entendeu que o então magistrado agiu com motivação política na condução do processo do ex-presidente Lula na 13ª Vara Federal de Curitiba (PR).

***Texto publicado no Portal STF, 23 mar. 2021.***

SE CORRUPÇÃO É UM TEMA SENSÍVEL PARA OS BRASILEIROS, TODO POLÍTICO VAI FAZER DISCURSO CONTRA A CORRUPÇÃO SÓ PARA SE ELEGER. FIQUE ESPERTO!

Você precisa saber

## "Jogar o bebê junto com a água do banho"

Você já ouviu a expressão "para quê votar, se são todos corruptos?". Ela combina direitinho com o que dizem muitos de nós sobre os políticos, mas será que deixar de votar resolve?

Primeiro, trata-se de uma generalização, e sabemos que esse é um raciocínio equivocado, pois há políticos corretos, que fazem o seu trabalho e são coerentes na defesa de seus programas de governo.

Segundo, política não é a mesma coisa que político. Por meio das possiblidades da política, por exemplo, do voto, é que podemos mudar as coisas com as quais discordamos. Do contrário, só valeria a força bruta. E, vamos combinar, ela causa mais estragos do que traz solução.

Quando desacreditamos da política por causa dos maus políticos, estamos jogando o "bebê" (nosso direito de exercer participação na sociedade e os bons políticos) com a "água suja do banho" (os maus políticos que merecem punição).

# Desigualdade social

©ISABELA JORDANI

"'A DESIGUALDADE ENTRE RICOS E POBRES' RECEBEU 54% DAS MENÇÕES COMO UM DOS PROBLEMAS QUE INCOMODA OS JOVENS BRASILEIROS."

– PESQUISA APONTA QUE 60% DOS JOVENS BRASILEIROS ESTÃO DESACREDITADOS COM A POLÍTICA. PORTAL EDUCAÇÃO E TERRITÓRIO. 27 OUT. 2021.

Seria mais apropriado falar em desigualdades, no plural, pois as questões sociais, de gênero e de raça estão bastante interligadas. Não é à toa que esse é um tema que você e outros tantos jovens querem também ver resolvido.

Segundo dados do Instituto Brasileiro de Geografia (IBGE) de 2020, o Brasil é o 8º país mais desigual do mundo. No *ranking* internacional, todos os outros 7 países com maior nível de desigualdades são do continente africano.

Você sabe onde mora o zelador do seu prédio? Sabe qual é e quanto tempo leva o percurso que a diarista faz da casa dela para chegar até o trabalho todos os dias? Como seus filhos vivem quando seus pais estão no trabalho? De onde vêm os inúmeros entregadores que se multiplicam pelas ruas das cidades? Os caixas de supermercado, os seguranças de rua, os atendentes da padaria, os serventes da sua escola... Qual o orçamento de que dispõem para sustentar suas famílias?

Se você fizer essas perguntas para alguns desses inúmeros trabalhadores e trabalhadoras que vemos circular todos os dias, certamente terá uma ideia bem precisa do que significa desigualdade social e como ela afeta a qualidade de vida das pessoas.

As oportunidades de educação, trabalho, acesso digital, saúde etc., estão associadas à classe social, à origem étnico-racial, de gênero, de região em que vivem os cidadãos brasileiros. Ou seja, embora pela lei todos nasçam cidadãos, as desigualdades afetam o desempenho de alguns brasileiros mais do que o de outros.

**APENAS EM 2023 FOI SANCIONADO EM LEI, A 14.611/2023, QUE OS SALÁRIOS ENTRE HOMENS E MULHERES DEVEM SER IGUAIS, QUANDO EXERCEM A MESMA FUNÇÃO.**

É possível acabar com as desigualdades? Estudos mostram que projetos, programas sociais, leis, dentre outras iniciativas, podem, a longo prazo, reduzir os níveis de pobreza e desigualdades. Para isso, é preciso:

1. Enfrentar o racismo.
2. Promover oferta de trabalho.
3. Enfrentar a discriminação contra as mulheres.
4. Taxar lucros, dividendos e heranças.
5. Combater a concentração de terras.
6. Investir em Saúde e Educação.

©KLAUS VEDFELT/DIGITAL VISION/GETTY IMAGES

# Diversidade: as diferentes formas de ser diferente

©ISABELA JORDANI

Os jovens demonstraram uma postura firme contra a violência e uma abertura significativa para a diversidade. Em uma lista com 17 atitudes diferentes que os entrevistados do portal Educação e Território deveriam avaliar como justificáveis ou não, a adoção de filhos por casais homoafetivos ficou em primeiro lugar, sendo considerada totalmente justificável por 61% dos jovens. Além disso, 53% dos entrevistados apoiaram o direito de a mulher ter um filho sem estar em uma relação amorosa estável. Confira o conteúdo na íntegra em: https://mod.lk/b9R22. Acesso em: 13 jan. 2025.

Às vezes, alguns termos e conceitos parecem óbvios, por exemplo: quando falamos em diversidade, logo se pensa em inclusão racial e de gênero, não é mesmo? No entanto, para outros, pode significar apenas tolerância. Como é para você? Você faz um esforço e apenas tolera os diferentes ou deseja ver todos os tipos de pessoas gozando dos mesmos direitos e de todo o respeito?

**"APÓS AS REDES SOCIAIS EU COMECEI A OCUPAR ESPAÇOS QUE ANTIGAMENTE EU NÃO OCUPAVA. SABE? EU COMECEI A FREQUENTAR EVENTOS QUE ANTIGAMENTE NÃO IMAGINAVA IR, SABE? [...] EU SOU PRETO, EU SOU FAVELADO, EU SOU POBRE, EU SOU GAY, É UM COMBO REAL, NÉ? ENTÃO A GENTE CRESCE TENDO AS NOSSAS OPORTUNIDADES MUITO TIRADAS, SABE?".**

**– RAPHAEL VICENTE, *INFLUENCER*, NO EPISÓDIO 01, "QUEM TÁ *ON*?", DO *PODCAST* "CURTI, E DAÍ?", DO INSTITUTO VERO. DISPONÍVEL EM: HTTPS://MOD.LK/EHTBL. ACESSO EM: 13 JAN. 2025.**

Aceitar e incluir todas as pessoas em sua condição e diversidade étnico-racial, cultural, religiosa, biológica, sexual, social, de gênero etc., não é tarefa apenas individual. É preciso que as políticas públicas garantam na forma da lei e da prática cotidiana que haja possibilidades concretas de inclusão de todos e todas em suas diferenças, o que não é fácil.

# Coletivos sociais e diversidade

"É preciso sempre alguém mandar em alguém?" Essa pergunta traz na sua própria formulação uma forte crítica aos modos tradicionais de se fazer política e dá as pistas da forma horizontal, flexível e compartilhada de como os coletivos sociais se organizam. São grupos de pessoas que se reúnem em torno de um mesmo objetivo, que pode ser político, artístico ou profissional e reinventam a forma de se mobilizar e enfrentar os conflitos em defesa de seus interesses e causas. As políticas públicas pela diversidade são recentes; faz pouco mais de 20 anos que, pela força da pressão de coletivos e de movimentos sociais, o Estado brasileiro passou a incluir na forma de leis, decretos, projetos, programas e ações na busca da igualdade na diversidade.

Alguns exemplos de políticas públicas em relação à diversidade étnico-racial:

- **Plano Juventude Viva.** Lançada em 2012, a iniciativa articula ações de onze ministérios e de governos estaduais e municipais para reduzir a vulnerabilidade de jovens negros a situações de violência física e simbólica. Saiba mais em: https://mod.lk/B1B4l. Acesso em: 13 jan. 2025.
- **Lei 10.639/03.** Torna obrigatório o ensino de História e Cultura Afro-brasileira e Africana nas escolas de ensino fundamental e médio. Saiba mais em: https://mod.lk/msazR. Acesso em: 13 jan. 2025.
- **Lei 12.711/2012.** Por esta lei, conhecida como "Lei de Cotas", as vagas ofertadas em universidades, centros ou institutos federais devem, obrigatoriamente, contemplar uma proporção definida de estudantes negros, pardos ou indígenas. Saiba mais em: https://mod.lk/SrRAU. Acesso em: 13 jan. 2025.

# O que vou ser quando crescer?

©ISABELA JORDANI

**"A PESQUISA DO INSTITUTO CIDADANIA APONTA QUE EDUCAÇÃO E EMPREGO SÃO OS ASSUNTOS DE MAIOR INTERESSE PARA OS JOVENS."**
**– REPORTAGEM DA RÁDIO CÂMARA, DA CÂMARA DOS DEPUTADOS.**

Segundo a Organização Mundial de Saúde (OMS), se você está na faixa etária entre os 10 e 20 anos, está em plena transição da infância para a idade adulta. As alterações no corpo, o jeito de compreender e sentir as coisas, as relações afetivas e sociais e, também, o tipo de preocupação que se tem, estão em processo de mudança. Nesse momento da vida, você já deve estar se perguntando: "Como me vejo no futuro?" ou "Qual profissão devo escolher?".

Nem sempre as respostas estão claras, e o medo e as inseguranças começam a surgir, principalmente porque estamos vivendo inúmeras transformações em relação ao mercado de trabalho, com os impactos da inteligência artificial, por exemplo, que só estão começando...

# Os jovens no presente

É bastante comum associar infância, adolescência e juventude à ideia de futuro. Vocês estão sempre sendo chamados a responder pelo amanhã, pois "Os jovens são o futuro do país". Mas, como é que estão vivendo hoje? Do que precisam? O que estudam?

Certamente você já começou a trabalhar no seu projeto de vida. Sabe qual a função que ele tem no planejamento da sua vida de estudante? Sabemos que nessa idade os interesses mudam muito, mas fazer o exercício de construir metas, mesmo que sejam provisórias, ajuda no processo de autoconhecimento e de exploração do que sabe e gosta de fazer. Colocar a mão na massa, ou seja, construir conscientemente cada passo em cada etapa da sua vida, aos poucos, vai dando tranquilidade e segurança para enfrentar o que o futuro trouxer. Aposte nessa ideia!

Segundo o Atlas da Juventude de 2021, "há uma predominância de jovens negros no Brasil, contabilizando 51% de pardos e 10% de pretos, porém as condições de vida desse grupo são mais vulneráveis e submetidas ao racismo estrutural do país".

As diferenças econômicas, sociais, culturais, raciais e de gênero, pesam na hora de garantir oportunidades de futuro para as nossas juventudes. Ainda bem que há políticas públicas relativas às oportunidades de profissionalização e de futuro para as juventudes brasileiras.

Está tudo previsto na lei, mas como elas podem virar realidade?

VOCÊ SABIA?

## Os jovens dentro da lei

Diz a Constituição Brasileira:

"É dever da família, da sociedade e do Estado assegurar à criança, ao adolescente e ao jovem, com absoluta prioridade, o direito à vida, à saúde, à alimentação, à educação, ao lazer, à profissionalização, à cultura, à dignidade, ao respeito, à liberdade e à convivência familiar e comunitária, além de colocá-los a salvo de toda forma de negligência, discriminação, exploração, violência, crueldade e opressão."

Em 2013 foi instituído o Estatuto da Juventude, que trata do direito à cidadania, à participação social e política e à representação juvenil.

Que tal pesquisar os programas que existem na sua cidade para os adolescentes e jovens?

- A primeira coisa a ser feita é saber que existem leis que defendem os direitos também das crianças, adolescentes e jovens.
- Na sequência, verifique como a legislação está sendo posta em prática no seu estado e na sua cidade. O fato de sermos uma República Federativa (lembra?) transfere para os estados e municípios a responsabilidade de transformar as diretrizes e as leis em projetos e programas.

Entender como funciona o país contribui para saber o que podemos fazer e com quem reclamar, certo?

Os temas que tratamos até aqui mostram as tensões e preocupações dos jovens da sua geração. São mesmo problemas desafiadores, que precisam ser compreendidos no seu contexto. Agora veremos as principais questões que devem ser encaradas e debatidas.

# Alinhamentos políticos



Você já teve chance de ouvir alguma propaganda política na TV? Assiste aos jornais televisivos ou mesmo acompanha o noticiário pela internet?

Baseado no que os candidatos falam e dizem defender, nem sempre conseguimos saber a que partidos políticos eles pertencem ou mesmo as posições que defendem, não é mesmo?

"O JORNAL NA TELEVISÃO TRAZ PROBLEMA O TEMPO INTEIRO. MUITO PROBLEMA. E EU CANSO. EU NÃO AGUENTO. ENTÃO, ACHO QUE TEM ESSE LADO BOM QUE TEM UMA CERTA LEVEZA QUE VOCÊ FALA ESTAMOS VIVENDO, ESTÁ TUDO BEM. E TEM UM LADO RUIM QUE É EU SOU MENOS CONSCIENTE SOBRE OS PROBLEMAS, SOBRE AS QUESTÕES. SE EU FOSSE VOTAR AGORA, EU TERIA QUE PARAR AGORA TUDO E LER, ME INFORMAR. EU ACHO QUE POR UM LADO EU SOU UMA PESSOA MENOS INFORMADA. [...] POR OUTRO LADO, EU ACHO QUE A MINHA VIDA É MAIS FELIZ. É UM POUCO. MAS EU POSSO ESTAR ERRADA."

– CLARA, ESTUDANTE, NO EPISÓDIO 07, "QUEM LÊ TANTA NOTÍCIA?" DO *PODCAST* "CURTI, E DAÍ?", DO INSTITUTO VERO. DISPONÍVEL EM: HTTPS://MOD.LK/NTBXN. ACESSO EM: 13 JAN. 2025.

Como identificar a posição ideológica dos partidos políticos? Olhando o desenho do arco político, basta definimos primeiro os campos opostos: um lado progressista, a **esquerda**, e um lado conservador, a **direita**. Aqueles que transitam entre ambos, por diversos motivos, são chamados de **centro,** podendo abranger **centro-esquerda** e **centro-direita**. Nas pontas desse espectro estão a **extrema esquerda**, revolucionária, e a **extrema direita**, reacionária. No meio.... o centro.

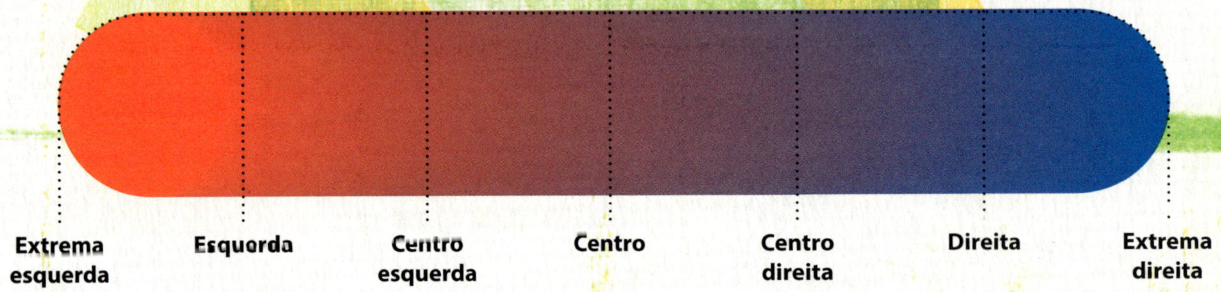

©TARA MOORE/DIGITAL VISION/GETTY IMAGES

# Para além da direita ou da esquerda

Conhecer o programa e a visão de cada um dos partidos não é muito fácil, pois os debates, na imprensa ou na época das eleições, nem sempre tratam das ideias e dos programas que cada um de seus candidatos tem. O mais comum é assistirmos a um verdadeiro duelo entre os políticos, com acusações de todo tipo, que não ajudam a esclarecer os programas de cada um, ao contrário, reforçam estereótipos do tipo: "ele é de esquerda" ou "ela é de direita", como se cada uma dessas posições fosse um xingamento grave e não simplesmente uma opção ideológica.

É legítimo que cada cidadão escolha o programa político com o qual se identifique e passe a defendê-lo, também na hora do voto. A pluralidade de posicionamentos e a liberdade de manifestação de ideias são importantes fundamentos da democracia.

**Você precisa saber**

## Os partidos políticos no Brasil

Para a eleição de 2024 foram registrados 29 partidos políticos no Brasil. Eles se alinham ideologicamente ao longo de todo o espectro político: quanto mais perto do centro, mais moderados; quanto mais distantes, mais radicais ou extremistas.

Norberto Bobbio (1909-2004), filósofo italiano e historiador do pensamento político, defende que as noções de liberdade e autoritarismo são cruciais para distinguir a ala moderada da extremista, tanto à esquerda quanto à direita. Apesar de terem opiniões divergentes, os moderados concordam no método: o debate de ideias dentro da democracia. Em contraste, os extremistas se posicionam fora do campo democrático.

# Conceitos históricos

Os termos "direita" e "esquerda" surgiram no contexto da Revolução Francesa (1789) durante um debate na Assembleia Nacional Constituinte na França.

Os **girondinos**, representados pela alta burguesia (comerciantes e empresários), defendiam algumas reformas no Estado, mas também prezavam a manutenção dos privilégios e interesses dos nobres. Sentavam-se à **direita** do presidente da Assembleia.

À **esquerda**, sentavam-se os **jacobinos**, que eram da baixa burguesia (intelectuais, médicos, advogados etc.) e defendiam os ideais republicanos da revolução; queriam mudanças mais profundas na política francesa, como o fim da monarquia.

De modo geral, essas duas forças políticas que atuam na sociedade, com maior ou menor intensidade, inspiram a formação dos partidos políticos.

Você precisa saber

## E o centrão?

O termo surgiu durante a Assembleia Constituinte de 1987, no Brasil, e foi usado para definir um grupo de partidos políticos de centro e de centro-direita que se opunham às propostas mais avançadas da nova Constituição que estava sendo elaborada, a mesma que, hoje, está em vigor.

Segundo o cientista político Bruno Bolognesi, da Universidade Federal do Paraná (UFPR), é preciso deixar claro que o termo "centrão" não tem nada a ver com a definição clássica de centro, porque atualmente eles não são moderados. Fazem política agindo como um bloco em defesa de seus interesses, pressionando o governo e exigindo verbas para votar os projetos que chegam no Congresso.

É BOM LEMBRAR QUE OS POLÍTICOS QUE COMPÕEM O CONGRESSO NACIONAL SÃO ELEITOS POR NÓS.

# Ideologias

A palavra ideologia tem vários significados, mas o sentido mais comum e frequentemente usado define o termo como um conjunto de princípios e ideias que formam um modo de pensar e compreender a organização e o funcionamento das sociedades humanas. A ideologia seria, então, uma lente através da qual as pessoas veem e compreendem a realidade. Por exemplo:

**Ideologia socialista:** defende uma visão mais coletiva e comunitária da sociedade e acredita que o Estado tem um papel fundamental para reduzir as desigualdades sociais por meio de políticas públicas. Essas ideias inspiram os que pertencem ao campo da esquerda. O comunismo é a proposta extrema dessas ideias.

**Ideologia liberal:** se baseia em um conjunto de ideias que defende a liberdade individual e a diminuição do papel do Estado, apostando na privatização de empresas e serviços, no lucro, na meritocracia e no empreendedorismo. Essas ideias inspiram os que pertencem ao campo da direita. O neoliberalismo é a radicalização extrema das ideias liberais.

## Ideologia de gênero?

Você acha que cuidar da casa e dos filhos é coisa de mulher? Jogar futebol e tomar cerveja com os amigos é coisa de homem? Se você respondeu NÃO, acertou!

Os comportamentos que temos na sociedade são construções sociais, ou seja, não são naturais. Ninguém nasce destinado a limpar a casa e lavar a louça só porque é do sexo feminino, por exemplo. Homens e mulheres nascem para fazer e ser o que quiserem e, melhor ainda, a Constituição garante que seja assim.

Definir o que é sexo feminino ou masculino, no que diz respeito aos aspectos biológicos, nem sempre é tão óbvio quanto se pensa. Imagine, então, estabelecer e impor regras sobre os comportamentos, sentimentos e desejos das pessoas.

*Para falar sobre gênero* (São Paulo: Moderna, 2021), de Gabriela Romeu e Vanessa Fort, é uma obra que pretende provocar reflexões sobre o direito de existir e de fazer escolhas em nossa sociedade sem que as pessoas sofram restrições e/ou punições apenas por serem quem são. Somente discutindo esse e outros temas considerados polêmicos ou extremamente delicados, vamos amadurecer e encontrar maneiras de tornar nossa sociedade verdadeiramente mais justa.

# Polarização

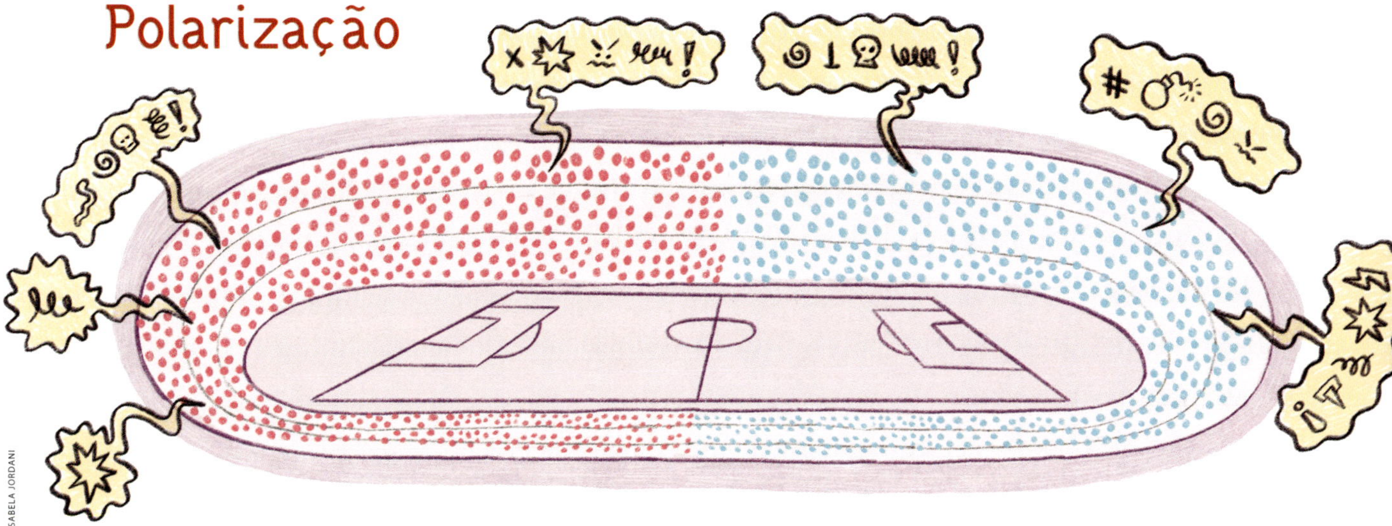



É comum e esperado que as pessoas se identifiquem com uma visão de mundo ou defendam uma ou outra ideologia. O problema acontece quando isso vira uma grande disputa, e o confronto não é de ideias nem de argumentos, mas de paixões, como das torcidas organizadas dos times de futebol, por exemplo.

Notícias sobre política na atualidade podem levar à ideia equivocada de que polarização política é uma novidade. Em períodos de eleições sempre houve uma grande disputa entre políticos que se opõem. E, desde a instituição de 2º turno para as eleições pela Constituição de 1988, a tendência é mesmo sobrarem dois candidatos com visões e propostas opostas. Contudo, as propostas devem ser discutidas e avaliadas pelos eleitores, e o resultado das urnas deve ser respeitado por representar a vontade da maioria.

**PENSAR A POLÍTICA COMO TORCIDA NÃO É UM BOM CAMINHO. O FANATISMO NÃO AJUDA A FAZER BOAS ESCOLHAS. ENTENDER DIVERGÊNCIAS, BUSCAR INTERESSES COMUNS, ESTIMULAR O DIÁLOGO E CRIAR AÇÕES COLABORATIVAS SÃO ALGUNS DOS COMPORTAMENTOS QUE AJUDAM A NEUTRALIZAR A POLARIZAÇÃO. APOSTE NESTA IDEIA!**

## PARA SABER MAIS

As sociedades democráticas têm na liberdade de expressão um de seus pilares mais importantes. Mas será que há algum tipo de limite ou as pessoas podem falar tudo o que der e vier na cabeça?

**Confira o material sobre os limites da liberdade de expressão em:**

**https://mod.lk/libexp**

# Discursos de ódio

As redes sociais, representadas em cinco grandes empresas de tecnologia (Apple, Microsoft, Google, Amazon e Meta), são responsáveis pela forma com que os algoritmos promovem, incentivam e amplificam os discursos de ódio, pois esse tipo de sentimento provoca engajamento e, na cultura digital, é isso que vale.

> "EU ACHO INTERESSANTE PUXAR PARA UM PONTO. PORQUE, ÀS VEZES, AS PESSOAS USAM O DISCURSO DE ÓDIO E JUSTIFICAM ELE COMO LIBERDADE DE EXPRESSÃO. A GENTE TEM QUE TOMAR CUIDADO PORQUE TEM MEIO QUE UMA LINHA TÊNUE, SABE, ENTRE A NOSSA OPINIÃO E, ASSIM, UMA OFENSA QUE VOCÊ PODE FAZER PARA UMA PESSOA, SABE? ENTÃO, A PARTIR DO MOMENTO EM QUE ISSO FERE A DIGNIDADE DE UMA PESSOA, A PARTIR DO MOMENTO EM QUE ISSO ACABA, ENFIM, DESRESPEITANDO ESSA PESSOA, DESMORALIZANDO ESSA PESSOA, DESVALORIZANDO, NÃO É MAIS SÓ UMA OPINIÃO, NÉ?"
>
> – MARIANA, ESTUDANTE, NO EPISÓDIO 08, "POR QUE TANTO ÓDIO?" DO *PODCAST* "CURTI, E DAÍ?", DO INSTITUTO VERO. DISPONÍVEL EM: HTTPS://MOD.LK/MG8PU. ACESSO EM: 13 JAN. 2025.

# O perigo dos extremos

Os regimes políticos de governo determinam o exercício do poder pelo Estado. Podem se configurar como democráticos, autoritários e totalitários. Nos dois últimos tipos não existem garantia de direitos individuais, e o mais extremo é o totalitarismo, no qual o poder fica concentrado nas mãos de um líder, o controle social é completo e garantido pela violência extrema.

O nazismo na Alemanha, o fascismo na Itália, o franquismo na Espanha, o salazarismo em Portugal, todos com o posicionamento ideológico de extrema direita, e o stalinismo na ex-União Soviética, de extrema esquerda, são exemplos que marcaram a história do século XX.

Depois de experiências tão extremas e dolorosas para a humanidade como o Holocausto, temos assistido ao avanço de ideias e de governos autoritários e totalitários em diferentes países do mundo.

Mas, por que será que essas ideias extremistas têm ganhado força? Muitos estudiosos apontam que a confiança no sistema político desabou e se espalhou a percepção de que a democracia não tem funcionado bem, pois fez promessas de melhorar a vida de todos e elas não foram cumpridas.

©IMAGEBROKER/FIRN/GETTY IMAGES

©ISABELA JORDANI

# O que os regimes totalitários têm em comum?

Embora cada experiência histórica seja única, pois depende da época, das características culturais de cada povo, do contexto político em que se dá etc., há traços comuns em todos os regimes totalitários. Veja:

**O líder visto como um mito** – tornar o líder político alguém de grande importância e de valor único e diferenciado de todos.

**Militarização** – usar o exército como força de governo e não de Estado, isto é, transformar as forças militares em defesa do governante e não do país.

**Uso da propaganda** – reforçar sua imagem, fazendo-a circular e se tornar presente o tempo todo e de diversas formas.

**Uso do terror** – criar e ampliar o medo de ameaças externas que só "o grande líder" poderia barrar.

**Inimigos** – instituir inimigos do país, internos ou externos, que são usados para explicar a necessidade do uso da força.

©ISABELA JORDANI

**Nacionalismo** – utilizar um suposto amor à pátria de forma exacerbada como pretexto para perseguição de grupos étnicos, estrangeiros e para acusar de inimigo da nação quem se opuser ao regime.

**Censura** – controlar todo tipo de manifestação, reprimindo duramente qualquer uma que seja considerada crítica ou contrária ao governo.

**Você precisa saber**

## Nazismo e neonazismo

Desenhar a suástica ou discriminar pessoas em função de raça ou crença pode parecer uma brincadeira inocente ou mesmo ser interpretado como liberdade de expressão. Tem havido muitos casos de estudantes que são punidos e expulsos de suas escolas ou de pessoas e *influencers* que são banidos das redes por conta de tais atitudes.

É importante que você saiba:

"A Lei nº 7.716, de 1989, que trata de crimes de discriminação por crença, raça ou cor, acrescido pela Lei nº 9.459/97, proíbe a divulgação de símbolos nazistas. A Lei torna crime, com dois a cinco anos de reclusão e multa, o fabrico, comercialização, distribuição ou até mesmo apenas a veiculação de símbolos, emblemas, ornamentos, distintivos ou propagandas que utilizem suástica, para fins de divulgação do nazismo."

– O que a lei brasileira diz sobre apologia do nazismo, portal g1, disponível em: https://mod.lk/d61IN. Acesso em: 13 jan. 2025.

# O poder das redes sociais na difusão das ideias extremistas

© ANA THOMAS TERRA

ATUALMENTE, QUASE 50% DO CONTEÚDO QUE CIRCULA NA INTERNET É GERADO POR ROBÔS E 30% SÃO ROBÔS MALICIOSOS, ATUANDO COM A INTENÇÃO DE COPIAR INFORMAÇÕES OU FAZER ATAQUES.

– A INTERNET MORREU E ESQUECEMOS DE ENTERRAR?. COLUNA DE RONALDO LEMOS NA *FOLHA DE S.PAULO*. DISPONÍVEL EM: HTTPS://MOD.LK/FWXYN. ACESSO EM: 13 JAN. 2025.

"Em tempos antigos ter poder significava ter acesso a dados. Atualmente ter poder significa saber o que ignorar."
– Yuval Noah Harari em seu livro *Homo Deus*: uma breve história do amanhã (São Paulo: Companhia das Letras, 2016)

Com o alcance cada vez maior das redes sociais, as ideias conseguem se alastrar globalmente, atraindo o interesse em torno de visões de mundo semelhantes, formando comunidades com o mesmo perfil político e ideológico que representam grande força e poder de influência.

Os algoritmos aproximam os iguais e criam as famosas "bolhas"; a *deep web* (o submundo da internet) manipula as pessoas de maneira perigosa, sem que se tenha qualquer controle do perigo que representam; as ferramentas de disparo de mensagens em massa, com seus *bots* e com o uso de recursos da inteligência artificial, permitem a disseminação de ideias distorcidas ou completamente mentirosas, em segundos.

Estudo realizado em 2022 pelo InternetLab em parceria com a Rede Conhecimento Social, confirma que os *apps* de mensagem têm sido bastante utilizados para ler e compartilhar informação política, especialmente em época de eleições. Mas, o que influencia mesmo o consumo e distribuição desse tipo de informação é a confiança que se tem em quem está dizendo e em qual canal está circulando a notícia ou o comentário. Ou seja, confiar e reconhecer a legitimidade do emissor e do veículo aparecem como fatores decisivos.

Você já pensou no impacto desse fato nas eleições?

# Como se defender das mentiras?

"AS CRIANÇAS DEVEM SER FORMADAS AO ESPÍRITO CRÍTICO E À LÓGICA DA ARGUMENTAÇÃO, POIS ESSA SERÁ A ÚNICA BARREIRA SÓLIDA CONTRA O MUNDO QUE ESTÁ VINDO, NO QUAL SERÁ DIFÍCIL DIFERENCIAR O VIRTUAL DO REAL E AS *FAKE NEWS* DA VERDADE."

– LUC FERRY, FILÓSOFO FRANCÊS.

Há séculos, a existência ou não de uma **verdade absoluta** é tema de reflexões de inúmeros filósofos. Até aí tudo bem, cabe mesmo discutir as possíveis e diferentes interpretações da realidade. Mas, **fatos são fatos**.

O problema é que os fatos têm sido muito distorcidos e as chamadas narrativas se baseiam em mentiras e em pura invenção. Vence a versão que mais viraliza nas redes sociais e, como você deve ter percebido, a mentira voa mais rápido que a verdade. Além disso, desmentir dá um trabalho enorme e nem sempre resolve o estrago que já foi feito.

## RECEITA PARA A DESCONSTRUÇÃO DAS NARRATIVAS FALSAS

Pegue um fato real bem fresco e reserve.

Caso encontre uma versão alterada desse mesmo fato, cheque a data de produção e identifique o local onde foi comprado.

Na sequência, elimine cuidadosamente os seguintes ingredientes:

- Com uma faca afiada, retire todas as mentiras que encontrar;
- Remova as maldades que ficam na superfície e também nas bordas do fato;
- Com uma concha, elimine com cuidado todos os tipos de preconceito;
- Remova o excesso de pimenta.

Depois de separados, junte tudo isso num saco bem reforçado, feche bem e jogue no lixo.

Decore o que restou com informações precisas e salpique doses generosas de verdade.

Prove e veja se ele está equilibrado e, só depois de testado, compartilhe com seus amigos e familiares.

BOM APETITE!

# Constituição Digital

Sempre houve mentiras e também tentativas de manipulação dos fatos, porém com a internet esses comportamentos potencializados colocam muitas pessoas em risco e também a democracia.

Para pensar: na sua opinião, a internet deve ser uma terra de ninguém? O que pode ou não nas redes sociais?

- Pode mentir?
- Pode desinformar?
- Pode perseguir e cancelar as pessoas porque elas pensam diferente de você?
- Pode defender ideias racistas?
- Pode divulgar ideias neonazistas?
- Pode fazer *bullying*?
- Pode praticar pedofilia?
- Pode induzir alguém a cometer algum tipo de crime?
- Pode roubar os dados pessoais das pessoas para finalidades não autorizadas?
- Pode monitorar o que as pessoas fazem nas redes?
- Pode usar *bots* para disseminação de ideias em massa com o objetivo de manipular as pessoas?

Se você respondeu NÃO à maioria das perguntas, você é a favor da criação de uma **Constituição Digital**, como defendeu o comunicador digital ou *influencer* Felipe Neto. Nesse documento estaria definido tudo o que se pode ou não fazer nas redes sociais. Se na vida *offline* a maior parte dessas ações é crime e as consequências legais são pesadas, por que na internet estaria "liberado geral"?

A verdade não mora de maneira íntegra e plena em algum lugar onde podemos encontrá-la; logo, ela deve ser alcançada por meio de procedimentos de experimentação e debate, como se faz nas democracias.

**A VERDADE É SEMPRE PASSÍVEL DE QUESTIONAMENTOS, O QUE NÃO SE PODE É NEGÁ-LA.**

**Você precisa saber**

## Extrema direita e o golpe contra a democracia

Em resposta a um comentário sobre a intervenção estadunidense no golpe de Estado que tirou Evo Morales da presidência na Bolívia, Elon Musk, o bilionário sul-africano naturalizado estadunidense, respondeu: Nós vamos dar golpe de Estado em quem quisermos! Lide com isso!

Para fazer tal ameaça, Elon Musk utilizou a plataforma X (outrora Twitter), que comprou em 2022.

Quem é ele para fazer uma ameaça dessas? Que poder ele tem? Que interesses políticos ele representa? As redes sociais não devem ser neutras?

Alguns desses questionamentos foram feitos pelo Intervozes Coletivo Brasil de Comunicação Social, organização que trabalha pela efetivação do direito humano à comunicação no país. Conheça em: https://mod.lk/intervoz. Acesso em: 13 jan. 2025.

A declaração do dono da X provocou um grande rebuliço nas redes e em diversas instituições. Foi então que o grupo de ativistas chamado Sleeping Giants Brasil lançou a campanha #DesmonetizaTwitter, com o objetivo de pressionar empresas e instituições a deixarem de anunciar na plataforma, pois acreditam que mexer no bolso desse bilionário deve fazê-lo mudar de atitude. Saiba quem são os jovens que estão por trás dessa iniciativa em: https://mod.lk/sleepgbr. Acesso em: 13 jan. 2025.

Olhando pelo retrovisor

## Golpes

**Golpe de Estado** significa uma forma ilegal e inconstitucional de derrubada de um governo. Pode ser feito por militares, por civis ou por ambos, pode ter confronto armado ou não. As mídias, a imprensa e parte da população muitas vezes participam também quando apoiam essa forma de tomada do poder.

A lista de golpes de Estado ao longo da história do Brasil deixa clara a importância da luta pela democracia e pelo Estado Democrático de Direitos, sempre.

**Se olharmos a história do nosso país desde a independência em 1822 até os dias de hoje, sabe quantas vezes o poder foi tomado por golpes? Descubra no material disponível em:**

**https://mod.lk/golpesbr**

VOCÊ SABIA?

## Dia da Democracia

O dia 5 de outubro de 1988 foi a data da promulgação da Constituição mais democrática que tivemos, também conhecida como Constituição Cidadã, e que está em vigor. Portanto, esse dia é dedicado à DEMOCRACIA..

Confira no *site* da Fundação Fernando Henrique Cardoso as linhas do tempo de alguns dos direitos conquistados ao longo da história democrática do país: https://mod.lk/kpKJa. Acesso em: 13 jan. 2025.



71% AGORA VEEM DEMOCRACIA COMO MELHOR FORMA DE GOVERNO

Pesquisa Datafolha de abr. 2024

PARA SABER MAIS

## DITADURA NUNCA MAIS!
### Lembrar para não repetir

Ditadura é um regime político oposto à democracia. O ditador, seja ele civil ou militar, se coloca acima das leis, portanto, seu poder é ilimitado. Algumas ditaduras procuram se revestir de aparência democrática promovendo eleições cujos resultados são fraudados para garantir a manutenção do regime autoritário. Tentam usar as leis para desvirtuar seu sentido, assim se apresentam como expressão legítima dos interesses do povo, mas quem discorda é perseguido e criminalizado

"NÃO TEMO O RETORNO DOS FASCISTAS COM A MÁSCARA DE FASCISTAS, MAS O RETORNO DOS FASCISTAS COM A DE DEMOCRATAS. O QUE ACONTECE HOJE DEVERIA SER CHAMADO DE 'APÓS O FIM DO MUNDO.'"
– MARIO SERGIO CONTI, *FOLHA DE S.PAULO*, EDIÇÃO 8 SET. 2023.

**O quão democrático(a) você é? Teste seu nível de democracia no teste que preparamos, disponível em:**

**https://mod.lk/testedem**

# A política como saída

Parece contraditório, mas é por meio da política – embora os políticos sejam bastante desacreditados – que se pode construir o caminho para uma sociedade mais justa e equilibrada.

Segundo o Relatório Juventude e Democracia na América Latina, "Os jovens valorizam a política e sua participação social, mas enxergam com desconfiança os partidos e políticos e preferem se engajar em causas concretas".

Já segundo uma pesquisa do UNICEF, os adolescentes e jovens reconhecem uma melhoria no acesso aos direitos, porém ressaltam a necessidade urgente de medidas governamentais para combater as alterações climáticas. Eles consideram essencial o investimento em saúde mental e desejam ter um papel ativo nas decisões que afetam suas vidas. Dos 21 países participantes da pesquisa, a média dos jovens e adolescentes que expressaram a grande importância de os políticos ouvirem as crianças e os adolescentes antes de tomarem decisões foi de 58%. No Brasil, esse número foi superior à média, com 61% dos jovens e adolescentes concordando com essa afirmação.

As pesquisas indicam que as juventudes brasileiras têm muitas causas para se engajar. Os muitos temas que aparecem, por exemplo, questões de gênero, educação, corrupção, desigualdades, são assuntos da maior relevância e merecem sim a atenção de todos para que a nossa sociedade possa avançar e tornar o Brasil um lugar melhor para se viver.

©ANA THOMAS TERRA

## PARA SABER MAIS

"Imagine", a música composta em 1971 por John Lennon e Yoko Ono, quando jovens do mundo todo se manifestavam contra a Guerra do Vietnã, é ainda uma das canções mais ouvidas e cantadas pelas juventudes daqui e de outros lugares. Sua letra sugere que o mundo poderia ser de paz, sem fronteiras entre países, sem crenças descabidas, desapegada dos bens materiais, enfim, a canção cria um sonho de futuro em que haverá mais igualdade para todos, onde não tenha guerras, países e nem disputas por dinheiro.

**Para ouvir a canção, acesse:**

**https://mod.lk/t0U5j**

SIGA O FIO...

© JESUS SIERRA/MOMENT RF/GETTY IMAGES

# As questões climáticas como pauta universal

© MAURO PIMENTEL/AFP/GETTY IMAGES

© REPRODUÇÃO

As questões climáticas sensibilizam os jovens do mundo todo e criam uma verdadeira comunidade internacional.

Segundo Milton Santos (1926-2001), importante geógrafo brasileiro, o avanço do capitalismo passou a considerar a natureza apenas como um conjunto de recursos a serem explorados, transformados e monetizados. As riquezas naturais que eram vistas como condição para a vida no planeta, passaram a ser os tais "recursos naturais" que, dado o excessivo consumismo das sociedades capitalistas contemporâneas, têm sido levados ao esgotamento e aos desastrosos impactos climáticos e ambientais.

Ailton Krenak (1953-), filósofo, professor, ativista, escritor e primeiro indígena a ser eleito para a Academia Brasileira de Letras em 2024, escreve em seu livro *Ideias para adiar o fim do mundo* (São Paulo: Companhia das Letras, 2021): "os indígenas consideram a natureza como família, eles respeitam essa conexão, ao fazerem uso dos recursos que ela disponibiliza para a vida".

**PARA MANTER OS HÁBITOS DE CONSUMO ATUAIS DO BRASILEIRO SERIA NECESSÁRIO UM PLANETA COM CAPACIDADE ANUAL 50% MAIOR. VOCÊ ACREDITA QUE HÁ OUTROS MODOS DE VIDA QUE PODEM EVITAR OS DESASTRES CLIMÁTICOS ANUNCIADOS? QUE TAL PENSAR NISSO?**

# Clima e política, tudo a ver

©RAMIRO SANCHEZ/GETTY IMAGES

Rio Grande do Sul maio/2024. Classificada como a maior catástrofe climática da história do Rio Grande do Sul, esta é uma imagem do cenário de destruição que as enchentes deixaram.

São as decisões políticas que terão o poder de mudar esse cenário de desequilíbrio climático que já estamos sentindo na pele. Damos, por meio do voto ou do silêncio, o poder de decisão sobre o nosso futuro e o do Planeta, aos líderes de plantão.

**SABER ESCOLHER OS POLÍTICOS QUE DEFENDEM NOVAS FORMAS DE RELAÇÃO COM A NATUREZA É RESPONSABILIDADE DE CADA UM DOS CIDADÃOS DESSE PLANETA.**

É importante eleger um presidente alinhado com as causas ambientais, mas é fundamental também que os congressistas, o governador, o prefeito e cada vereador, que têm a caneta na mão, sejam eleitos considerando as causas que você defende.

# Racismo ambiental

©MAURICIO SIMONETTI/PULSAR IMAGENS

O termo racismo ambiental surgiu há quase 50 anos, durante o movimento liderado por Martin Luther King Jr., grande ativista estadunidense na defesa dos direitos civis dos negros. A relação entre raça, renda e classe social define quem será impactado pela crise climática e ambiental, sabe por quê?

A falta de saneamento básico, a ausência de água potável e a falta de moradia que leva a população mais pobre a habitar áreas de risco ambiental são alguns dos fatores que permitem afirmar que as questões ambientais se agravam para os mais pobres, os pretos e os indígenas, aprofundando as desigualdades sociais. Portanto, o combate à pobreza, ao racismo e à desigualdade social também está relacionado ao necessário equilíbrio climático e ambiental.

**Crise climática impacta mais crianças e adolescentes também por causa das desigualdades. Confira o estudo da Unicef, disponível em:** https://mod.lk/UA9Wf

# Transformando o problema em cuidado

Será que dessa vez a tragédia do Rio Grande do Sul vai servir para uma virada de chave definitiva? Se você tinha alguma dúvida, é hora de acreditar na ciência, abominar *fake news* e compreender que o Estado tem um papel político importante para prevenir e resolver as questões climáticas e ambientais.

Dados da pesquisa do Think With Google, 85% dos jovens da Geração Z disseram estar dispostos a doar parte do seu tempo para alguma causa. Vamos considerar a causa ambiental como exemplo. Para começo de conversa, onde você vive? Muitos ativistas desconhecem a qual bioma sua região pertence. Você sabe?

**"NÃO SE FAZ MOBILIZAÇÃO SOCIAL COM HEROÍSMO. AS MUDANÇAS SÃO CONSTRUÍDAS NO COTIDIANO POR PESSOAS COMUNS, QUE SE DISPÕEM A ATUAR COLETIVAMENTE, VISANDO ALCANÇAR PROPÓSITOS COMPARTILHADOS."**

**– BERNARDO TORO, FILÓSOFO E EDUCADOR COLOMBIANO**

**"EU NÃO POSSO FAZER O ATIVISMO SE EU NÃO ENTENDER QUE EU TAMBÉM FAÇO PARTE DO PROBLEMA, POR MÍNIMO QUE SEJA, ENTENDEU?"**

**– JOVEM ANÔNIMO DA MATA ATLÂNTICA, PARA A PESQUISA JUVENTUDES, MEIO AMBIENTE E MUDANÇAS CLIMÁTICAS, REALIZADA POR: EM MOVIMENTO, REDE CONHECIMENTO SOCIAL, ENGAJAMUNDO E INSTITUTO AYÍKA**

A consciência democrática de cada jovem brasileiro deve se espalhar pelo mundo e se juntar a tantos outros jovens como forma de garantir as transformações que todos desejam, criando uma consciência universal, pois o Planeta é de todos os seres vivos. Mais união e menos competição!

©ISABELA JORDANI

FAZER POLÍTICA É CONSTRUIR PONTES. É A CAPACIDADE DE CONVERSAR, ARGUMENTAR E DIALOGAR CRITICAMENTE EM BUSCA DO CONSENSO. É ATUAR COLETIVAMENTE PARA O BEM DE TODOS.

©KLAUS VEDFELT/DIGITAL VISION/GETTY IMAGES

PARA SABER MAIS

## Comer, coçar e participar, basta começar...

"Ter participado daquela ocupação [movimento secundarista de ocupação das escolas em 2016] foi um divisor de águas na minha vida. Eu estava no terceiro ano do Ensino Médio. No ano seguinte entrei na UFRJ [Universidade Federal do Rio de Janeiro], já entrei envolvida na lógica do movimento estudantil por conta desse histórico e lá eu me organizei no Levante Popular da Juventude. Hoje em dia eu atuo pelo movimento na UFRJ. São dezenas de jovens em diversos cursos inseridos na luta pelo passe livre intermunicipal, por políticas de assistência e permanência estudantil, a defesa da universidade pública, contra os cortes e o sucateamento", relatou a estudante Katelyn Carvalho ao jornal *Brasil de Fato*. Se quiser se aprofundar na Pesquisa Juventudes no Brasil 2021, mencionada na reportagem, confira: https://mod.lk/GxEth. Acesso em: 13 jan. 2025.

# Cidadania ativa

Está lá no artigo 205 da Constituição Cidadã de 1988, a importância de se preparar para o exercício da cidadania como um importante objetivo da educação brasileira. Mas, como será que a gente se prepara e se torna um cidadão bem-educado politicamente, daqueles que sabem participar da vida pública desde a sua escola, bairro, cidade, país para alcançar o mundo?

Que tal começar por um grêmio estudantil? Sua escola tem um? Nem todas têm, mas todas são obrigadas a permitir que se crie um.

As pesquisas indicam que vocês, jovens, têm reclamado da falta de espaço político e precisam construir canais para serem ouvidos. O grêmio é o instrumento na comunicação entre o corpo de estudantes e o corpo de educadores da sua escola. Levar reclamações e sugestões, promover debates, criar um espaço agradável de lazer e cultura, dentre outras possibilidades, fazem parte das funções de uma organização como essa.

O programa de cada chapa que vai disputar as eleições do grêmio é composto de todas as ideias e projetos que a chapa acredita que atendem o interesse do coletivo de alunos da sua escola. Certamente, caberá também incluir como uma importante pauta algum tema ou projeto que se refere às questões climáticas, o que você acha?

## Construindo o Grêmio como experiência política

Comece comunicando a ideia do Grêmio para a direção da sua escola, caso ainda não exista um dentro da sua. Saiba que a lei 7.398, de 1985, a Lei do Grêmio Livre, diz que é crime proibir a criação do Grêmio ou intervir nas eleições.

Formar uma CPG com representantes de cada sala, caso já existam esses líderes por classe. Se não, eles podem ser indicados na hora para integrar a comissão.

O Estatuto do Grêmio funciona como a Constituição do Brasil, ou seja, define todas as regras e formas de organização do Grêmio da sua escola. Há modelos disponíveis na internet.

Pela Assembleia dos estudantes, que também decidirá o nome do Grêmio (essa é uma boa oportunidade para homenagear alguém importante para as conquistas estudantis ou pela democracia ou mesmo alguém da sua comunidade que é uma liderança importante) e formará a Comissão Eleitoral.

Os alunos interessados devem se organizar em grupos e inscrever suas chapas para participar do processo de eleição. Os cargos principais são: Presidente e seu vice, Secretário Geral, Tesoureiro e as várias Diretorias (social, imprensa, ambiental, esportiva, cultural etc.)

Nessa etapa, ouvir o grupo de colegas é fundamental. Ouça o que eles desejam e precisam, e que o Grêmio possa atender. As ideias dos colegas também podem somar ao que a chapa reconhece como importante para a escola.

Se houver mais de uma chapa inscrita ou mesmo que haja apenas uma, é importante definir um programa e fazer campanha para que a comunidade estudantil possa apoiar a gestão de quem vencerá as eleições.

Depois de eleita a chapa vencedora, agora é festa e muito trabalho para colocar de pé os projetos e programas eleitos.

Se cumprirem o que prometeram, vale pensar na reeleição, caso haja essa possibilidade no estatuto, certo?

Há vários modelos de Estatuto e também a descrição de cada um dos cargos e funções necessárias para o pleno funcionamento do Grêmio Estudantil na sua escola. Indicamos para pesquisa o *site* do União Brasileira dos Estudantes Secundaristas (UBES), disponível em: https://mod.lk/vfRse. Acesso em: 13 jan. 2025.

# Fora dos muros da escola: Conselhos Municipais

Verifique quais Conselhos Municipais existem na sua cidade. Eles são compostos por cidadãos eleitos pelo voto direto, com mandato de dois anos e o trabalho é voluntário, o que significa que não ganham nada por isso.

Qualquer pessoa pode se candidatar a conselheiro e assistir às reuniões mensais. Os Conselhos são temáticos e quase todo município tem pelo menos os Conselhos de: Educação, Meio Ambiente, Tutelar, dos Direitos das Crianças e dos Adolescentes, dentre outros.

## O que fazer em um Conselho Municipal?

- **Orçamento Participativo** – você pode participar das reuniões e apresentar propostas de inclusão no orçamento de projetos que interessem à sua cidade.
- **Acompanhamento das sessões legislativas** – monte um grupo para monitorar o trabalho realizado pelos vereadores da sua cidade.
- **Audiências Públicas** – é possível acompanhar os debates públicos na Câmara dos Vereadores sobre os mais diversos assuntos de seu interesse e da sua cidade.
- **Conferências Temáticas** – são eventos que debatem e propõem políticas públicas relativas às diversas áreas de interesse: direitos humanos, saúde, igualdade de gênero, segurança pública, meio ambiente etc. Fique atento ao calendário, pois essas conferências costumam acontecer a cada dois anos.

### Concordamos – consenso ou maioria?

©REPRODUÇÃO/CONCORDAMOS

"Será que existe um sistema de votação projetado para buscar um meio-termo entre o que diferentes votantes querem?". Essa dúvida é respondida pelo **concordamos.com.br**. Gratuita, com infraestrutura livre e de código aberto, essa ferramenta permite a você criar votações mais bem informadas, favorecendo que comunidades e organizações tomem decisões que reflitam verdadeiramente suas diversas vozes e as posições dos grupos na busca do consenso e não só da maioria.

# Política é *pop*

PARA SE INSPIRAR

## Engajado e ativista, só não sabia

Jardim Ângela. Na periferia paulistana, um grupo de jovens falava de política. Pesquisaram na internet sobre duas figuras públicas e o que elas fizeram por seu país, e então expuseram o resultado em uma praça, em cartazes de cartolina. Pessoas paravam para ler, participar do *quiz* político ou apenas dar uma olhada. Um dos cartazes dizia: "Construiu dois hospitais do câncer de ponta. Quem foi?". As alternativas eram Jair Bolsonaro, no Brasil, ou a cantora Rihanna, em Barbados. E a resposta era? A cantora.

©ACERVO PESSOAL

A iniciativa foi do Núcleo de Jovens Políticos (NJP), criado em 2013 por jovens periféricos que buscavam maneiras de se socializar após a conclusão do ensino médio. O encontro, intitulado "Política é *pop*?", fazia parte dos ciclos de formação do NJP.

Em entrevista para a revista *Gama*, Bruninho Souza, ativista e fundador, enfatiza que a política precisa ser *pop* e contesta a ideia de que os jovens não se interessam por política, argumentando que ela precisa ser envolvente e abordar questões que os afetam. Bruninho defende a ocupação dos espaços públicos e a incorporação da política no cotidiano. A praça no Jardim Ângela é um exemplo disso.

Leia mais sobre Bruninho Souza e outros jovens inspiradores na reportagem da revista *Gama*, disponível em: https://mod.lk/ZAyAH. Acesso em: 13 jan. 2025.

## Juventudes pelo clima

Jovens ambientalistas, em 2019, se juntaram e entraram na justiça em defesa do clima. Levou dois anos, mas finalmente o país retomou seu compromisso com as metas assumidas.

Veja a matéria completa no *link*:

https://mod.lk/9NzHp

©TON MOLINA/FOTOARENA

©ISABELA JORDANI

## Militância de sofá

Ativismo digital, *clicktivism*, militância preguiçosa ou sei lá mais quantos adjetivos há para alguém que sobe *hashtags*, coloca filtros na sua foto, compartilha muitos abaixo-assinados por dia, curte tudo quanto é pauta social, climática, humanitária etc. Você é assim ou conhece alguém que se comporte igual?

O que importa é saber se funciona ou não, isto é, se ajuda alguma causa a prosperar ou se apenas alivia a sua consciência. Pois fique sabendo que um estudo da Universidade da Carolina do Norte (UNC), nos EUA, recentemente publicado na importante revista *Science*, confirma que sim, muitas vezes, o ativismo de sofá ajuda, no mínimo, a impulsionar e dar visibilidade a uma causa. Leia mais em: https://mod.lk/Bl3L0. Acesso em: 13 jan. 2025.

As duas formas de fazer política estão valendo, especialmente, se se completam nas suas estratégias para alcançar os objetivos da causa.

### Atlas das Juventudes

Uma plataforma que reúne muitas informações, pesquisas, dados e análises sobre as juventudes brasileiras que servem para inspirar programas, projetos e políticas jovens para as juventudes. Para saber mais, acesse o vídeo institucional, disponível em: https://mod.lk/Pnhe0. Acesso em: 13 jan. 2025.

### Em defesa da democracia

A democracia, com todas as suas imperfeições, é uma enorme conquista da história das civilizações humanas. Defendê-la é necessário e urgente. O Programa Escola da Cidadania Ativa – Politize! é uma iniciativa que oferece cursos para o exercício da prática cidadã para jovens do Ensino Médio. Conheça mais em: https://mod.lk/XZkqS. Acesso em: 13 jan. 2025.

### Jovens Transformadores para o Futuro da Democracia

"Ampliamos nossa visão sobre o que é democracia e participação a partir dessa experiência. Ficou ainda mais clara a transversalidade de pautas como a agenda climática e a democracia, por exemplo. Esse aprendizado nos impulsiona a resgatar a esperança na América Latina, que é cotidiana para milhares de jovens que apontam todos os dias novas formas de reinventar a democracia latinoamericana."

– Helena Singer, líder da Estratégia de Juventude da Ashoka América Latina.

*Mudança climática: o que temos a ver com isso?* é um dos títulos da Coleção Informação e Diálogo que aborda questões como aquecimento global e meio ambiente por meio de dados, pesquisas, entrevistas e informações, que servirão para provocar debates e reflexões sobre esse tema, tão fundamental no contexto em que vivemos, possibilitando que os leitores ampliem seu repertório e as múltiplas conexões que o tema suscita.

## PARA REFLETIR

É possível adiar o fim do mundo?

É possível parar o relógio do juízo final?

Assim como Ailton Krenak, o filósofo e pensador estadunidense Noam Chomsky é um respeitado militante intelectual da causa ambiental e não quer aterrorizar e nem ameaçar ninguém. Por meio de suas falas fortes e bem fundamentadas, Krenak e Chomksy sugerem ideias, propostas e tomadas de decisões que poderiam parar os ponteiros do relógio do fim do mundo.

A forma como temos vivido nos últimos anos prova que a lógica de exploração e de consumo não darão muitas chances de sobrevivência para a Terra e a humanidade se não houver uma mudança significativa na nossa relação com a natureza.

Se a pauta do meio ambiente, e dentro dela a questão da crise climática, é um tema de preocupação para você, quais seriam as saídas? O que fazer de diferente do que tem sido feito? Pensar "fora da caixinha", por exemplo, espelhando-se na relação dos povos indígenas com a natureza?

"SOMOS ALERTADOS O TEMPO TODO PARA AS CONSEQUÊNCIAS DESSAS ESCOLHAS RECENTES QUE FIZEMOS. E SE PUDERMOS DAR ATENÇÃO A ALGUMA VISÃO QUE ESCAPE A ESSA CEGUEIRA QUE ESTAMOS VIVENDO NO MUNDO TODO, TALVEZ ELA POSSA ABRIR NOSSA MENTE PARA ALGUMA COOPERAÇÃO ENTRE OS POVOS, NÃO PARA SALVAR OS OUTROS, PARA SALVAR A NÓS MESMOS."

– AILTON KRENAK

Chomsky deu uma série de palestras intituladas "Como parar o relógio do Juízo Final". Você encontra a primeira aula, disponível em: https://mod.lk/o5Kkb (em inglês). Acesso em: 13 jan. 2025.

Confira também a entrevista com Ailton Krenak e o mestre Nego Bispo, para João Lorandi Demarchi do jornal *Le Monde Diplomatique Brasil*, disponível em: https://mod.lk/cNlBP. Acesso em: 13 jan. 2025.

Existem outras formas de pensar a relação das pessoas com a natureza? É possível criar ou considerar um outro modelo de sociedade?

Pense nisso!

# Para além da política

Queridos leitores e leitoras, quero dizer que foi um prazer escrever este livro, mas também foi um grande desafio falar de um tema muitas vezes considerado difícil ou chato. Pensando nisso, fui atrás de pesquisas e estudos para ouvir o que jovens como você pensam sobre o mundo, a democracia e a política para poder descobrir quais temas são capazes de mobilizar as juventudes mundo afora e especialmente aqui no Brasil. As informações coletadas serviram de fontes para dialogar diretamente com você, jovem brasileiro, sobre o que é política e qual é a sua finalidade.

Este livro é um convite para que você possa ampliar a noção de política para além dos partidos e dos políticos, pois acreditamos que as desconfianças que muitas vezes vocês, jovens, manifestam em relação à política não significam desistência e nem descrença na força transformadora das causas que abraçam.

Compreender que as questões ambientais são definidas por decisões políticas, entender o tamanho da influência das redes sociais na vida política de cada um, saber a diferença entre fatos comprovados e vagas opiniões e ter noções básicas de como o Brasil se organiza são assuntos interligados e, quando se percebe essas conexões, fica mais fácil participar da vida política do país.

Este é um livro para você ler, pesquisar e, principalmente, para ajudar a acender a luz que move e mobiliza o desejo de transformar o mundo em um lugar melhor por meio do comprometimento e da afirmação dos valores democráticos.

Você pode fazer a diferença. Eu acredito!

# Referências bibliográficas

**Por que, ao final dos livros, há sempre uma referência bibliográfica ou bibliografia consultada ou apenas bibliografia? Será que a gente tem de prestar atenção nisso?**

SIM, com certeza! Ainda mais em tempos de internet, onde parece que todo mundo sabe sobre tudo e é fácil se perder num "mar de informações".

A bibliografia é o conjunto de referências que o autor usou para compor seu livro; são as fontes – que, espera-se, sejam sempre fidedignas, confiáveis – que ele usou para assegurar, ou não – o que diz no seu livro.

E elas são fundamentais para quem quer saber se pode confiar no que leu, para quem quer continuar aprendendo mais sobre o assunto ou ainda para quem quer ensinar sobre ele.

Então, aproveite esta aqui, que preparamos cuidadosamente para você!

## CONTEÚDO DIGITAL

Aqui você encontra pesquisas, artigos, reportagens, *podcasts* e *sites* utilizados para escrever este livro.

**Juventudes no Brasil, 2021** – Fundação SM. Coordenação: Paulo Cesar Rodrigues Carrano. https://mod.lk/4plWr

**Juventudes e Democracia na América Latina, jan/22**. – Fundação Luminate. Coordenação: Esther Solano e Camila Rocha. https://mod.lk/juvlatam

**A pesquisa sobre educação, juventude e política: reflexões e perspectivas**. – Kimi Tomizaki e Marcelo Daniliauskas. https://mod.lk/fELF2

**Juventudes e democracia.** – Jonas Medeiros, *Nexo Jornal*. https://mod.lk/3KpPH

**Mais do que votar: o que a juventude pensa sobre participação política** – Elen Carvalho, *Brasil de Fato*. https://mod.lk/rb1x6

**Atlas das Juventudes** – reúne pesquisas e pesquisadores renomados com o objetivo de orientar as políticas públicas sobre as juventudes. https://mod.lk/Hmpir

**Pesquisa Juventudes, Meio ambiente e Mudanças Climáticas, nov/22** – Em Movimento, Rede Conhecimento Social, Engajamundo e Instituto Ayíka. https://mod.lk/A9NFy

**Compromiso medioambiental: la participación de las personas jóvenes en acciones de voluntariado** (em espanhol) – Fundação SM. https://mod.lk/sdTfS

**TSE comemora marca histórica de jovens eleitores nas eleições 2022** – *site* do Tribunal Superior Eleitoral. https://mod.lk/MzTmj

**Eleitores menores de 18 anos: cada eleição, uma nova estatística** – *site* do Tribunal Superior Eleitoral. https://mod.lk/EqRZ8

**Nove em cada dez adolescentes acreditam que o voto tem poder para transformar a realidade, mostra enquete do UNICEF com a Viração** – UNICEF. https://mod.lk/VuJBK

**Cresce o número de jovens eleitores, mas eles têm pouco interesse pela política além do voto** – Jaqueline Deister, *Brasil de Fato*. https://mod.lk/YmVfD

**Pesquisa na América Latina aponta redes sociais como principal fonte de notícias para 40% dos entrevistados** – Mediatalks. https://mod.lk/Pj6sF

**Como as redes sociais podem fomentar o extremismo em jovens?** – Eloá Orazem, *Brasil de Fato*. https://mod.lk/r6er4

**Pessoas querem notícias confiáveis, diz Instituto Reuters** – Guy Faulconbridge, *Reuters*. https://mod.lk/5lmUj

**Qual a importância da Educação Política nas escolas?** – Politize. https://mod.lk/srZ2U

**Educação política: o que é e qual seu propósito** – Politize. https://mod.lk/pA6Xp

**Programa Escola da Cidadania Ativa** – Politize. https://mod.lk/xzkqs

**Escola que forma para a vida, forma para a política** – Todos pela Educação. https://mod.lk/ys3s6

**Você pratica a democracia?** – Manuela Stelzer, revista *Gama*. https://mod.lk/eMtyR

**Porvir e Fundação FHC lançam roteiros para trabalhar democracia no ensino médio** – Porvir. https://mod.lk/BWnf9

**Projeto Querino**, *podcast* da Rádio Novelo, episódio 8: Democracia. https://mod.lk/MOtXw

***Podcast* relembra protestos de junho de 2013 e discute paralelos com movimentos atuais; ouça** – *Folha de S.Paulo*. https://mod.lk/jclqq

**'Bronca não funciona, tom divertido é o que engaja jovens a votar'**. Isadora Rupp, *Nexo Jornal*. https://mod.lk/97hhD

**Lilia Schwarcz, Brasil Futuro e Salvador.** João Victor Guimarães. *Bravo!*. https://mod.lk/cf68T

**Memes e influenciadores podem reverter desinteresse na política, dizem jovens eleitores** – Anna Virginia Balloussier e Géssica Brandino. *Folha de S.Paulo*. https://mod.lk/kg6V5

**Glossário: Instituições políticas** – Antonio Lassance, *Nexo Jornal*. https://mod.lk/Sjod5

## LIVROS

ALMEIDA, Alberto Carlos; GARRIDO, Tiago. **A mão e a luva: o que elege um presidente**. Rio de Janeiro: Record, 2022.

BARROS, Thomás Zicman; LAGO, Miguel. **Do que falamos quando falamos de Populismo**. São Paulo: Companhia das Letras, 2022.

HARARI, Yuval Noah. **Implacáveis: Como nós conquistamos o mundo**. São Paulo: Companhia das Letrinhas, 2022.

HARARI, Yuval Noah. **Implacáveis: Por que o mundo não é justo**. São Paulo: Companhia das Letrinhas, 2024.

LEVITSKY, Steven; ZIBLATT, Daniel. **Como as democracias morrem**. São Paulo: Zahar, 2018.

METEORO BRASIL. **Tudo o que você desaprendeu para virar um idiota**. São Paulo: Planeta do Brasil, 2019.

RUNCIMAN, David. **Confrontando o Leviatã: uma história do pensamento político moderno**. São Paulo: Todavia, 2023.

## AUDIOVISUAL

Todos os conteúdos disponíveis na plataforma de *streaming* Netflix até o fechamento da edição.

**House of Cards (série)**
2013 | Classificação etária: 16 anos | 6 temporadas | Suspense
Traído pela Casa Branca, o congressista Frank Underwood embarca em uma jornada implacável para chegar ao poder. Chantagem, sedução e ambição são suas maiores armas.

**Virando a Mesa do Poder**
2019 | Classificação etária: 12 anos | 87 min | Documentário
Conheça os bastidores da eleição de quatro mulheres determinadas a derrotar políticos com campanhas milionárias na disputa para o Congresso dos EUA em 2018.

**Privacidade Hackeada**
2019 | Classificação etária: 12 anos | 114 min | Documentário
Entenda como a empresa de análise de dados Cambridge Analytica se tornou o símbolo do lado sombrio das redes sociais após a eleição presidencial de 2016 nos EUA.

**O Mecanismo (série)**
2018 | Classificação etária: 16 anos | 2 temporadas | Drama
Uma investigação sobre suspeitas de corrupção envolvendo estatais e empreiteiras se torna um dos maiores escândalos políticos do Brasil. Inspirada em fatos reais.

**Democracia em Vertigem**
2019 | Classificação etária: 12 anos | 121 min | Documentário
Documentário político e memórias pessoais se misturam nesta análise sobre a ascensão e queda de Lula e Dilma Rousseff e a polarização da nação.

© PALADINO

# Sobre a autora

Tudo começou quando eu estava no 7º ano e tinha uma professora de História que me fascinava. Ela explicava com muitos detalhes curiosos como se organizaram, ao longo dos tempos, os mais diferentes povos e civilizações, e isso me inspirou a querer saber mais sobre a vida em sociedade.

Quando cheguei ao Ensino Médio, estava mais interessada ainda, mas agora por um motivo diferente, afinal já não me satisfaziam mais as explicações descritivas de como as pessoas viviam antes de nós. Eu queria saber o porquê das escolhas feitas por aquelas civilizações e me perguntava se poderia ter sido feito um caminho diferente, questionava as razões dos conflitos e projetava um futuro melhor para a humanidade.

Foi no "Vocacional", que era como a gente chamava o Ginásio Vocacional Oswaldo Aranha, experiência pública inovadora no estado de São Paulo, que tive o privilégio de ter professores incríveis, especialmente de História e de Filosofia, que me ensinaram a confrontar ideias, a construir argumentações consistentes, a fazer as perguntas certas, a saber ler e interpretar a realidade, enfim, me ensinaram a pensar. Agora não tinha mais dúvidas: faria História, na Universidade de São Paulo (USP), como exigiu a minha mãe, e seria professora. Foi o que fiz por 20 anos, passando por escolas públicas e particulares e amando minha profissão. Na sequência, trabalhei com mídias digitais e com arte e cultura em diferentes tipos de instituições, escrevi alguns livros e dei palestras por esse país afora, sempre buscando dar sentido às escolhas que fiz.

Escrever sobre política tem a ver com o que mais gosto de fazer: ler, pensar e refletir sobre o nosso tempo e seus desafios, pois se o nosso país é desigual, se as sociedades estão polarizadas, se a crise climática é uma realidade, tudo isso foi fruto de escolhas políticas. Acredito também que continua sendo pela política que acharemos o caminho da mudança que desejamos ver acontecer. Vamos juntos, cada um do jeito que souber e puder contribuir, o importante é participar!

*Flávia Aidar*